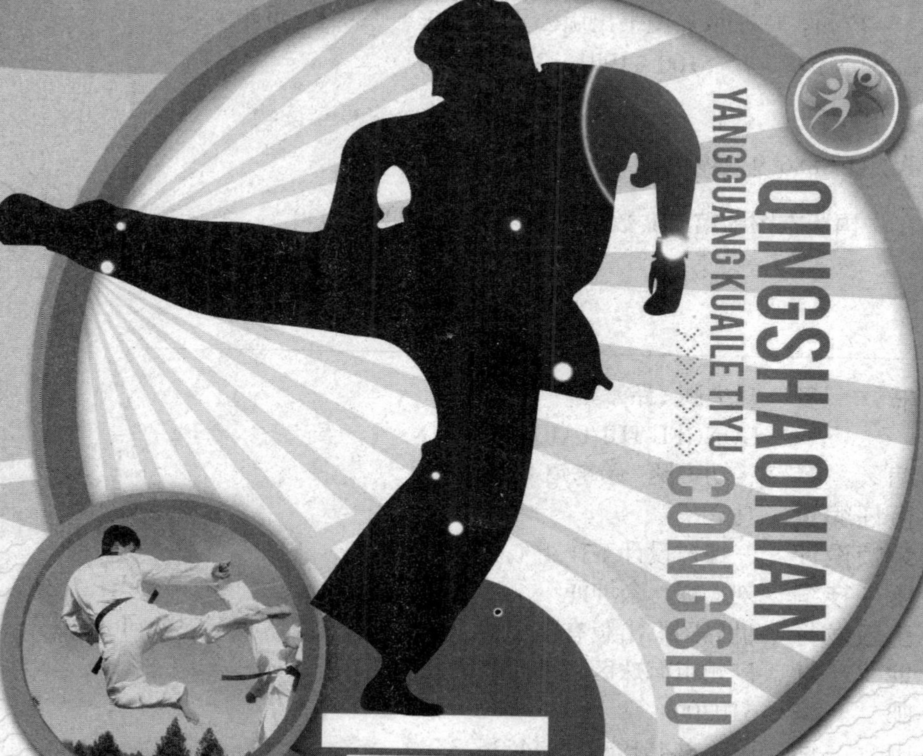

功夫腿：跆拳道

GONGFU TUI: TAIQUANDAO

本书编写组 ◎ 编

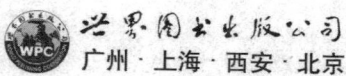

世界图书出版公司
广州·上海·西安·北京

图书在版编目（CIP）数据

功夫腿：跆拳道／《功夫腿：跆拳道》编写组编
．—广州：广东世界图书出版公司，2010.4（2021.5重印）
ISBN 978－7－5100－1991－3

Ⅰ．①功… Ⅱ．①功… Ⅲ．①跆拳道－青少年读物
Ⅳ．①G886.9－49

中国版本图书馆 CIP 数据核字（2010）第 050030 号

书　　名	功夫腿：跆拳道 GONGFU TUI TAIQUANDAO
编　　者	《功夫腿：跆拳道》编写组
责任编辑	马立华
装帧设计	三棵树设计工作组
责任技编	刘上锦　余坤泽
出版发行	世界图书出版有限公司　世界图书出版广东有限公司
地　　址	广州市海珠区新港西路大江冲 25 号
邮　　编	510300
电　　话	020-84451969　84453623
网　　址	http://www.gdst.com.cn
邮　　箱	wpc_gdst@163.com
经　　销	新华书店
印　　刷	北京兰星球彩色印刷有限公司
开　　本	787mm×1092mm　1/16
印　　张	13
字　　数	160 千字
版　　次	2010 年 4 月第 1 版　2021 年 5 月第 10 次印刷
国际书号	ISBN　978-7-5100-1991-3
定　　价	38.80 元

版权所有　翻印必究

（如有印装错误，请与出版社联系）

编委会成员

顾　　问
　　朱　玲（四川体育局局长、四川体育总会主席）
　　刘　青（成都体育学院副院长、教授、博士）

荣誉主编
　　陈　伟（成都体育学院院长、教授、博士生导师）

主　　编
　　张五平

编　　委（按姓氏笔画排列）

马　犇	王世伟	史明娜	孙亮亮	刘　晟	刘志敏
乔建国	李祥慧	李琳琳	张　帆	杜　佳	张　婕
杨世勇	杨成波	严晓芹	尚　菲	郑喜磊	祝世友
赵志进	唐小林	顾旭东	徐伦占	徐姜娟	黄　毅
龚　军	梁永杰	董　立	彭　崴	蒋徐万	蓝　怡

本书编写人员

执行主编
　　张　帆　张五平

执行副主编
　　龚　军（成都体育学院研究生部）
　　郑喜磊（成都体育学院研究生部）
　　乔建国（成都体育学院研究生部）

执行主编简介

张　帆(1982.12~　)　男,四川成都人,成都体育学院硕士研究生。曾从事中小学排球与跆拳道教学与训练工作。

张五平(1957.5~　)　男,山东临清人,成都体育学院体育系副教授,硕士生导师。主要教授课程有:排球、体育游戏、体育项目概论等。先后以独立作者或第一作者在国家核心刊物发表科研论文二十余篇,曾获国家体育总局体育院校教学成果二等奖一项、三等奖两项、成都体育学院教学成果一等奖,并承担多项省级、院级课题的研究。

曾任阿拉伯联合酋长国 ALAHALI – CLUB 俱乐部主教练、巴林国家队主教练,率队参加第十二届亚洲锦标赛,并在第五届海湾杯国际排球锦标赛(西亚地区顶级赛事)中取得了冠军。

前　言

　　当今时代，人人都明白"科技是第一生产力""知识就是财富"，但是，千万不能因此就忽略了对青少年健康体质的培养。青少年时期是身心健康和各项身体素质发展的关键时期。青少年的体质健康水平不仅关系个人健康成长和幸福生活，而且关系整个民族健康素质，关系我国人才培养的质量。为此，《中共中央 国务院关于加强青少年体育增强青少年体质的意见》强调"增强青少年体质、促进青少年健康成长，是关系国家和民族未来的大事。""广大青少年身心健康、体魄强健、意志坚强、充满活力，是一个民族旺盛生命力的体现，是社会文明进步的标志，是国家综合实力的重要方面。"

　　但是，由于片面追求升学率的影响，社会和学校存在重智育、轻体育的倾向，学生课业负担过重，休息和锻炼时间严重不足，此外，许多学校体育设施和条件不足，学校体育课和体育活动难以保证，导致青少年身体素质下降。近些年体质健康监测表明，青少年耐力、力量、速度等体能指标持续下降，视力不良率居高不下，城市超重和肥胖青少年的比例明显增加，部分农村青少年营养状况亟待改善。解决未来一代学生体质健康不断下降已成为当务之急。

　　2006年12月23日，教育部、国家体育总局、共青团中央联合下发的《关于开展全国亿万学生阳光体育运动的决定》，进一步深化了"健康第一""每天锻炼一小时，健康工作五十年，幸福生活一辈子"的健康生活理念，这是我国为改变学生体质健康状况持续下降的不利局面，推动广大学生积极快乐参加体育活动而发出的伟大号召，意义重大而深远。

　　阳光体育运动的要求是让中学生走向操场，走进大自然，走到阳光下。阳光体育运动也是快乐的。每个参加者在积极主动地，热情地走进丰富多彩的体育运动，锻炼身体，强健体魄的同时，内心充满活力，充满阳光，向往阳光，享受运动带来的快乐。阳光快乐体育的目标任务是：通过持之以恒地参与阳光快乐体育运动，让青少年养成健康的生活方式，建立奋发向上、不断进取的人生态度，使他们未来拥有健康的体魄、坚忍不拔的意志品质、良好的心理素质、健全的人格,从而成长为有中国特色的社会主义事业的合格建设者和接班人,为未来拥有成功的人生打下坚实的基础。

为此,我们编写了这套丛书,真切希望为广大青少年全面认识和了解丰富多彩的体育运动,选择出适合自己的运动项目提供一个平台,为他们更好地掌握科学的锻炼方法,获得运动健康知识提供一个窗口,从而为形成"人人参与、个个争先"的、生气勃勃的校园体育锻炼氛围,为阳光快乐体育运动的顺利开展和有效实施作出微薄的贡献!适合青少年学生的体育运动项目繁多,各有特色,本系列丛书所涵盖的运动项目主要分为两大类:奥运项目和青春时尚系列运动项目。其中奥运项目包括:篮球、足球、排球、乒乓球、羽毛球、网球、游泳、跳水、花样游泳、赛艇、皮划艇、帆船、水球、田径、体操、艺术体操、重竞技运动、跆拳道、手球、棒球、垒球等;青春时尚系列运动项目主要包括:健美操、青春时尚系列、户外运动、武术套路运动、散打运动等。丰富多样的运动项目体现了本丛书的全面性、系统性的特点,方便广大青少年能够全面认识和了解丰富多彩的体育运动,根据自己的兴趣爱好、身体素质及学习和生活状况来选择适合自己的运动项目。

本丛书另一个特点是以图文结合的形式介绍每种运动项目,以图释文,图文并茂,让各种动作技术变得易懂易学。这能让青少年更形象、更轻松地理解每一个技术动作,也能更好地培养青少年的空间思维能力,增加学习兴趣。此外,本丛书按教材的逻辑结构编写,每个运动项目介绍内容包括:运动项目的起源与发展→运动项目的基本技术技能→运动项目的快乐入门→运动项目的综合知识→运动项目的竞赛规则→运动损伤及处理措施。条理清晰,简单易懂,让读者在轻松快乐学习该运动项目技术动作的同时,也可了解到相关的一些理论知识。我们衷心希望每个青少年都能将体育运动真正融入到生活、学习和成长过程中去,都能在体育运动中体验快乐,体验快乐的生活方式。祝福每一位青少年都能健康快乐地成长!

本丛书编写过程中,得到了很多朋友的帮助,也从很多同行的著述中得到了启发,特别是陈明生老师为本套丛书提出了许多宝贵意见和指导,在此表示深深的感谢!

编 者

本书编写说明

跆拳道作为一项奥运运动项目，有着较为悠久的历史，具有健身、技击、观赏、娱乐、教育等多种功能价值。我国跆拳道运动起步较晚，但开展非常好，特别是近几年在全国各大中城市发展迅速，具有相当的规模和水平。根据《中共中央 国务院关于加强青少年体育增强青少年体质的意见》的要求，如何使跆拳道的运动价值融入到"阳光快乐体育运动"之中，让中小学生在跆拳道运动中感受到运动的乐趣、得到身心的锻炼，成为摆在每一个体育工作者面前的新任务。

本书介绍了跆拳道运动的起源、发展、特点、作用、基本技术、基础入门练习、基本比赛规则以及运动的损伤和防护等内容。全书内容体现如下特色：

1. 图文并茂。能让中小学生更形象、更轻松地理解每一个技术动作，变抽象的文字解释为形象的图片展示，有助于提高他们的学习兴趣。

2. 加强了基础入门练习。针对目前中小学生喜欢体育而不喜欢在提高运动技能上下工夫的问题，本书对技术学习采用了简单易学且富有实用性的方法，讲述了简单、易行、有趣的入门途径。

3. 精选对学生有影响的著名跆拳道运动员进行介绍。为中小学生树立良好的学习榜样，同时也可提高学生学习跆拳道的兴趣。

4. 补充了运动生理卫生及健康常识部分。针对跆拳道运动过程中可能出现的运动损伤，介绍了有效的预防措施及其简单治疗办法，这对学生安全、可持续参与该运动健身，以及技能的掌握提高，都具有重要意义。

5. 增加了技术动作的英文名称。学生在学习跆拳道动作的同时，能够知道该动作的英文名称，丰富了学生的专业英语词汇。

青少年是国家的未来、民族的希望。他们的身心健康、人格健全、一生幸福是每一个家长和老师的愿望，也是素质教育所追求的重要目标。我们将把此书献给广大青少年朋友，衷心的希望这本书能够提高他们参与跆拳道运动的兴趣，体验跆拳道运动的快乐，为他们的学习生活增添一道亮丽的风景线。

本书共分六章，由张帆、张五平负责全书的框架构建、统稿与修改。第一、二章由张帆、张五平、乔建国编写；第三、四章由张帆、张五平、龚军编写；第五、六章由张五平、张帆、郑喜磊编写。

本丛书编写过程中，得到了很多朋友的帮助，也从很多同行的著述中得到了启发，特别是陈明生老师为本套丛书提出了许多宝贵意见和指导，在此，一一表示深深的感谢！同时，也对本书动作示范模特——成都体育学院运动系2009级跆拳道班刘亚新同学表示感谢！由于编写水平与经验有限，本书难免有疏漏和不足之处，敬请广大读者批评和指正。

编 者

目　　录

第一章　跆拳道运动概述 ·· (1)
　　第一节　跆拳道运动的起源和发展 ·· (2)
　　第二节　跆拳道运动的特点和作用 ·· (5)
　　第三节　跆拳道运动的精神 ··· (7)

第二章　跆拳道运动基本技战术 ·· (9)
　　第一节　跆拳道运动基本技战术 ·· (9)
　　第二节　跆拳道运动基本技战术实战 ···································· (38)

第三章　跆拳道运动基本入门练习 ·· (49)
　　第一节　太极一章——乾 ··· (50)
　　第二节　太极二章——兑 ··· (54)
　　第三节　太极三章——离 ··· (60)
　　第四节　太极四章——震 ··· (68)
　　第五节　太极五章——巽 ··· (75)
　　第六节　太极六章——坎 ··· (82)
　　第七节　太极七章——艮 ··· (89)
　　第八节　太极八章——坤 ··· (97)

第四章　跆拳道运动综合知识……………………………………（106）
　　第一节　跆拳道运动的价值……………………………………（106）
　　第二节　跆拳道运动的几个赛事………………………………（110）
　　第三节　著名跆拳道运动员介绍………………………………（116）
　　第四节　跆拳道运动的不同流派………………………………（124）
　　第五节　如何欣赏跆拳道比赛…………………………………（128）
　　第六节　跆拳道运动级别分类与段位…………………………（131）

第五章　跆拳道运动竞赛组织与裁判工作……………………（138）
　　第一节　跆拳道比赛的主要规则………………………………（138）
　　第二节　跆拳道比赛的得分、扣分和获胜方式………………（141）

第六章　跆拳道运动生理卫生健康……………………………（146）
　　第一节　常见运动损伤…………………………………………（146）
　　第二节　各种常见运动损伤预防措施与手段…………………（151）

第一章 跆拳道运动概述

跆拳道
Taekwondo

图 1－1

跆拳道运动是一项起源于朝鲜半岛的古老而又新颖的竞技体育运动,是朝鲜民族在生产和生活基础上发展起来的一项运用手、脚技术和身体能力进行自身修炼和搏击格斗的传统体育项目。说它古老,是因为它在有记载的朝鲜民族史上已有 3000 多年的历史;说它新颖,是因为跆拳道自 20 世纪 50 年代中期在朝鲜半岛重新崛起到现在,半个世纪以来,努力向世界传播,已经风靡全球,成为一项新颖的竞技体育项目。跆拳道的内容十分丰富,但主要包括品势修炼(动作组合)、搏击格斗和功力检验三大部分。

跆拳道的"跆"字,意为像台风一样猛烈地、强劲地跳踢的"脚";"拳"字意为拳头,用来进攻的武器;"道"是指人生的正确道路,在这里寓意使用手脚的方法和原理。跆拳道运动要求练习者不仅学习跆拳道的技术,更注重对跆拳道礼仪、道德修养的学习和遵从,每一次练习都要求"以礼始,以礼终",培养人的礼仪、忍耐、谦虚和坚韧不拔的精神,这对青少年尤其具有特殊的教育意义。

跆拳道练习者身穿专用的白色跆拳道道服,腰系系代表不同段位的腰带进行训练和比赛。跆拳道的水平高低是由练习者的级别和段位体现的,水平越高,其段位也就越高。跆拳道的段位分为初级的十级至一级和高级的一段至九段。跆拳道的比赛是分男、女两个组别,按体重分级进行的。由于跆拳道运动是以腿法为主要进攻手段,因而比赛时气氛紧张激烈,双方斗智斗勇,拳来腿往,高难动作精彩纷呈,充分展示了人的斗志,鼓舞人奋发向上的精神,陶冶人的道德情操,同时可以使人享受到打击艺术的美妙感觉。

第一节　跆拳道运动的起源和发展

1. 古代的跆拳道雏形

原始社会时期,朝鲜民族的人们大部分过着以农业为主的农耕生活,间或辅以狩猎为生。为了获得食物、抗击外来势力的入侵和抗御野兽的袭击,人们在反复的实践中逐渐发现了一些锻炼身体和参与战斗的方法,这些发自本能的发明,在社会进化的过程中逐步演化成有目的、有意识的斗技活动,形成了古代跆拳道的雏形。当时人们斗技的目的除了获得食物、抗击入侵和抵御野兽外,更多的是用于参加祭祀,这是展示力量的斗技大会,许多古书对这些祭祀斗技活动都有所记载,可见当时斗技相当盛行。

2. 朝鲜半岛三国时代的跆拳道形式

朝鲜半岛的三国时代是高句丽、新罗、和百济三国并存时期。大约在公元前1世纪左右,三国相继兴起,高句丽在朝鲜半岛北部,新罗在东南部,百济在西南部,为了争夺领土,三国之间战争不断,纷争四起,因此这个时期跆拳道形式迅速发展,以适应战争的需要。据古书记载:"跆拳意指使用手和脚,磨练四肢和身体的灵活用法,是武艺的基础。""剑术是以空手击倒对方的'手术'为基础。"可以看出,当时的练武之人在使刀、剑之前就已经熟练的掌握了跆拳道,力求无论有无武器都能灵活运用手和脚战胜对手,成为优秀的武士。

3. 高丽时代的跆拳道

高丽是公元918年在朝鲜半岛建立的一个统一的国家。高丽王朝的军队勇敢善战,推翻了新罗王朝,建立了高丽王朝。高丽的忠惠王本人十分喜爱手搏,便要求他的军必须进行具有跆拳道特色的"手搏"竞技运动练习。士兵们常用拳掌击打墙壁、木块及砖瓦,以磨练手部的攻击能力。忠惠王还邀请了武艺超群的士兵金振郴到宫中表演手搏技艺,在朝野上下极力推崇"手搏"技艺,使跆拳道声望大振,受到广大民众的喜欢,并被规定为军队训练的必修项目。据《高丽史》记载,手搏是高丽人普遍喜好的竞技项目之一。

4. 朝鲜时代的跆拳道

公元 1392 年,高丽王朝被李成桂建立的王朝取代,国号"朝鲜"。朝鲜时代由于推崇佛学,重文轻武,这一时期朝鲜的跆拳道技术没有受到官方的重视,但在民间却始终没有停止过"手搏"和"跆跟"这些跆拳道的初始技艺活动。同时,军队也用"手搏"和"跆跟"作为选择士兵的方法,一个人若想作武官,就必须在竞技时用"手搏"或"跆跟"技艺打倒三人以上才行。在朝鲜时代,跆拳道的形式除了技艺得到发展外,在文字记载方面也有很大进展。公元 1790 年,正祖委派李德懋和学者朴齐家、白东修三人汇编了《武艺图谱通志》,这是跆拳道的代表作。在这部书中不仅收录了"手搏"、"跆跟"的一些技法、动作图解和关于跆拳道的发展源流,而且还收录了多种武器的使用方法,并将很多其他域族的技击性很强的武术技艺融汇于跆拳道的技法之中,使跆拳道的源流在文字记录和理论上有了较科学的记载和记述。

5. 近代的跆拳道

公元 1910 年日本侵占朝鲜建立了殖民政府,一度下令禁止所有的朝鲜文化活动,跆拳道自然也在禁限之内。这个期间,跆拳道技艺在朝鲜境内销声匿迹,只有靠流浪到日本和中国的跆拳道艺人将跆拳道与日本的武道和中国的武术融合在一起而保存下来,这反而使跆拳道技法得到充实和发展,逐渐形成了跆拳道新的技术体系。第二次世界大战后,朝鲜独立,国家的政治、社会面貌日益改观,自卫术也相应再度兴起,以前被迫流落异国他乡的许多朝鲜人也相继回归故里,同时也将各国的武道技艺带回本国,并进一步将这些技艺和跆拳道技法融于一体,去芜存精,融合发展,逐渐形成了现代跆拳道运动的基础体系。

6. 现代的跆拳道

1955 年,跆拳道运动在经历了几千年的发展和充实之后,终于被跆拳道运动的领寻人和组织者将朝鲜的自卫术统称为"跆拳道",即现代跆拳道。1961 年 9 月,南朝鲜成立了唐手道协会,后更名为跆拳道协会,并成为全国运动会正式比赛项目。1966年,第一个国际组织——国际跆拳道联盟(I.T.F)成立,崔泓熙任第一届主席。1973年5月,世界跆拳道联合会(W.T.F)在汉城成立,金云龙当选为主席。1975年,世界跆拳道联合会被国际体育联合会接纳为正式会员。1980年国际奥委会正式承认了世界跆拳道联合会。

在国际跆拳道联合会(简称世界跆联)被正式公认后的十多年中,跆拳道运动在全球得到了空前的发展,现在风行全球150多个国家和地区,参与练习者多达7000万人,而且在洲际和世界各级各类大赛上都可看到跆拳道的影子。

现在,世界上基本形成了以世界跆联为主体倡导的竞技跆拳道,其鲜明特点是以竞技为主,品势练习为辅。还有一种是国际跆联倡导的以品势修炼为主,竞技实战为辅的跆拳道运动。

7. 跆拳道运动的奥运发展史

图1-2

1988年,跆拳道作为奥运会表演项目首次出现在汉城奥运会上。1994年,国际奥委会表决通过了跆拳道成为2000年悉尼奥运会的正式比赛项目。

8. 我国跆拳道运动的发展状况

中国于1995年正式开展跆拳道运动,随后此项运动在中国得到快速普及。在2000年悉尼奥运会上,中国女子跆拳道选手、来自北京体育大学的陈中在女子67

公斤以上级比赛中敢打敢拼、顽强拼搏,为祖国首次夺得奥运会跆拳道比赛的金牌。2004年雅典奥运会,来自中国北京体育大学的陈中和罗薇参加跆拳道比赛,她们奋力拼得两枚金牌。其中罗薇获得女子负67公斤级金牌;陈中则获得女子67公斤以上级金牌。中国台北奥运会代表团也在跆拳道项目上一举取得了金牌零的突破,陈诗欣和朱木炎各夺得1枚金牌。

第二节 跆拳道运动的特点和作用

1. 跆拳道运动的特点

图1-3

1)以腿为主,以手为辅,主要关节武器化

跆拳道技术方法中占主导地位的是腿法,腿法技术在整体运用中约占3/4,因为腿的长度和力量是人体中最长最大的,其次才是手。腿的技法有很多种形式,可高可低、可近可远、可左可右、可直可曲、可转可旋,威胁力极大,是比赛时得分和实用制敌的有效方法。其次是手法,手臂的灵活性很好,可以自如的控制完成防守和进攻动作,同时也可以变化为拳、掌、肘、肩的多种用法,进行实战。在竞赛规则之外的跆拳道实战中,人体的一些主要关节部位亦可以用来作进攻的武器,或防守的盾牌,这是跆拳道技术的本质,人体的手、肘、膝、脚等关节部位,是跆拳道实战中最常用、最有效的打击武器。

2)方法简捷,刚直相向,少用躲闪防守法

不论是在比赛时还是在实战中,跆拳道的进攻方法都是十分简捷而实效的。对抗时双方都是直接接触,以刚制刚,用简练硬朗的方法直接击打对方,或拳或腿,速度快,变化多;防守的动作也是以直接的格挡为主,随即是连续的反击动作。防守时很少使用躲闪防守法,追求刚来刚往,硬拼硬打,尽可能保持或缩短双方间的距离,以增加击打的有效性,在近距离拼斗中争取比赛或实战的胜利。

3)内外兼修,方法独特,以功力验水平

跆拳道理论认为,经过专门训练,人的关节部位能产生不可思议的威力,特别是拳、肘、膝和脚四个部位,尤以脚和手为甚。长期专门练习跆拳道,可以使人达到内外合一的程度,即内功和外力达到统一的巅峰。由于无法确定人体关节部位武器化的威力和潜力到底有多大,只有通过对木板、砖瓦等物体的击打来测量验定练习者的功力水平。功力测验是跆拳道训练水平、晋级考试、表演和比赛的一个重要内容,以此显示出跆拳道独特的功法和特点。

2. 跆拳道运动的作用

1)修身养性,培养人优秀的意志品质

跆拳道练习推崇"以礼始,以礼终"的尚武精神,练习中要以"礼仪廉耻、忍耐克己、百折不屈"为宗旨,因此,可以培养人顽强果断、吃苦耐劳的精神,磨练人坚韧不拔、积极向上的品质,养成人礼让谦逊、宽厚待人的美德,造就人热爱祖国、勇于献身的思想,为社会和国家练就具有优秀品质的建设者。

2)强体防身,练就人健全的体魄

跆拳道运动紧张激烈,对抗性强,可使人强壮筋骨,提高各关节的灵活性及肌肉的伸展性和收缩能力,提高人的速度、反应、灵敏、力量和耐力素质,提高人内脏器官的机能和人体神经系统的灵活性,增加人体的击打和抗击打能力。通过功防练习,可以学习掌握实用技击术和防身自卫的能力,为保护自身安全和维护社会正义学习真正本领。

3)观赏竞技,享受击打艺术的美德

跆拳道比赛或实战时,双方队员不仅要斗志斗勇,而且还要通过高超的技艺展示跆拳道技术动作的优势。尤其是跆拳道变化多端、尽现人体机能特点的腿法技术,在对抗中高来低往,表现得淋漓尽致,不仅给人以美的享受,还能激发人的斗志,鼓舞人奋发向上的精神,陶冶人的道德情操,使人在欣赏跆拳道竞技比赛的同时,潜移默化地受到良好的意志品质教育。

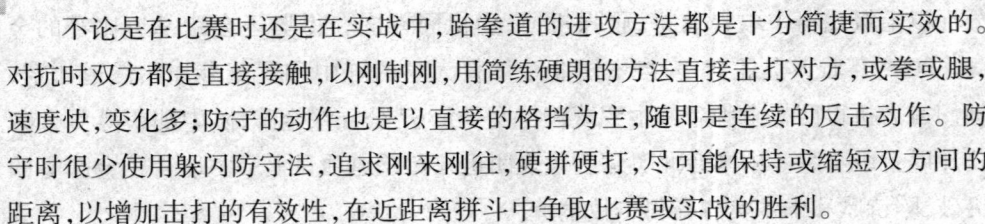

第三节　跆拳道运动的精神

一、跆拳道宣言

1. 我遵守跆拳道精神。
2. 我尊敬师范和前辈。
3. 我决不乱用跆拳道。
4. 我要成为自由与正义的使者。
5. 我要创造更加和平的社会。

二、跆拳道精神

跆拳道精神包括——礼义　廉耻　忍耐　克己　百折不屈

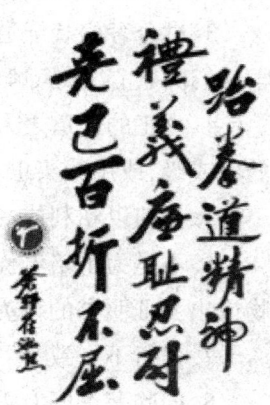

图1-4

礼义

这是人类要遵守的最高规范,是教化人类的手段。而且,又是很多圣人君子为了搞好集体生活而定下的不成文的法规。因此,所有学员至少要为遵守以下礼仪范畴中几项最低限度的要求,尽自己最大的努力。

1. 相互谅解的精神。
2. 对于诽谤或侮辱他人的恶习应感到羞耻。
3. 谦虚、互相尊重人格。
4. 提倡人道主义和正义感。
5. 师范与学员、前辈与晚辈的关系应明确。
6. 处事要符合礼仪。
7. 尊重他人的所有物。
8. 不论问题的大小,坚持公平原则,慎重处理。
9. 不送不收心中含糊的礼物。

廉耻

要学会分辨是非。如果做错了事,在良心上不管是对三岁孩童还是任何平凡之人都应自觉惭愧,无地自容。例如:

1. 不顾没有传授实力,俨然像有权威的师范诱导善良学员走向歧途,却不觉羞耻。2. 示范时为了炫耀威力,把裂开的松板粘合,或预制有裂纹的砖头将其击破,还厚颜无耻地面向观众或学员。

3. 过分奢侈装饰道场或以假奖状、假奖杯装饰办公室,用过分虚伪的热情获取学员们的欢心,来隐瞒自己的无能。

4. 真正的武道之人即使提升它的段或级也会谦让。相反,要求超过实力以上的段或级,或用钱买也不觉羞耻的似是而非的武道人。

5. 任何以私利或炫耀假武力为目的而需要段或级的人。

6. 不是为了培养优秀的弟子而是以盈利为目的运营道场、向学员无理要求钱物或出卖证明书的行为。

7. 言行不一致,不守信用的师范或学员。

8. 向晚辈询问有关技术意见而感到羞愧的前辈。

9. 为了私利奉承于权利,作为武道人忘记应遵守的基本姿态却摆出武道人的样子耍威风。

忍耐

忍即是德。有句古语里说忍一百遍能使家庭和睦,即能忍的人可得到幸福与繁荣。无论是持有高段的人还是技术完美无缺的人,想做成任何一件事,首先要设一目标,再以持久的忍耐力不断地向那一目标迈进,才能如愿以偿。

克己

不论道场内外,克制自己着实是重要的问题。假如在自由对打时,因某些失误,被下级或同僚击打时,若不能克制自己,感情用事加以攻击,将会造成事故。而且,不谦虚不节制,没有分寸地生活,盲目羡慕他人,爱慕虚荣也将会失去作为武道人的资格。老子曰:强者不是战胜对方的人,而是战胜自己的人。即自胜自强。

百折不屈

一个真正的跆拳道人是谦虚、正直的。若是一个有正义感的人,不论对方是谁或其人数有多少都应丝毫不畏惧,不犹豫,果断的向前迈进。孔子说过这样一句话:明知是正义的也不敢大声高喊,更不敢站出来的人,是没用的胆小鬼;向着既定目标,以百折不屈的精神,正直的倾注一切精力,就没有失败的人。

第二章 跆拳道运动基本技战术

跆拳道具有强身健体、防身自卫、修身养性、娱乐观赏等多方面的作用，是人们增强体质，培养意志品质的一种好方法。跆拳道用科学的训练方法，使学员的骨骼、神经、呼吸系统得到科学、合理的训练，提高学员的体质、反应能力及身体协调能力。本章从个人基本技战术入手，再到各基本技战术的组合运用实战，带领同学们从零开始学习跆拳道。

第一节 跆拳道运动基本技战术

一、准备活动

在练习跆拳道之前，认真做好热身运动非常重要。作为一种武术，跆拳道对练习者的身体素质和状态有严格的要求。关节、手和脚都要做出迅猛的打击，拳击和踢腿需要很强的爆发力。为了防止练习中肌肉抽筋、韧带拉伤、肌腱损伤、关节扭伤等伤害发生，在每次练习前，练习者都必须要做好充分的准备活动，把肌肉、肌腱、颈部、肩部、胸部、腰部、膝盖、踝关节等处活动开，以免受到伤害。

1. 准备动作

跆拳道

图2-1

图2-2 鞠躬

图2-3 准备式开始

2. 颈部

图2-4 双手叉腰,慢慢低头,
直至下巴碰到胸口

图2-5 头向后仰

图2-6　慢慢向右转头360度,连续做两次。再向左转头360度,连续做两次

3. 肩部

图2-7　将手肘向上弯曲,手放在肩上

图2-8　手肘由前向后转360度,转动8次;再由后向前转360度,也转动8次

4. 胸部

图2-9　双手向前平举,平行向后屈肘,重复2次

图2-10　双手侧平举,平行向后扩胸,重复2次

图2-11　右手向上垂直,左手自然下垂,向后扩胸,重复2次

图2-12　左手向上伸直,右手自然下垂,向后扩胸,重复2次

5.腰部

图2-13　双脚分开与肩同宽,双手叉腰

图2-14　腰部向左转360度转8次,然后向右转360度转8次

图2-15　双手握拳屈肘

图2-16　上半身向左转腰2次,然后向右转腰2次,整个动作重复8次

6. 膝部

图 2-17　双膝并拢,向前曲身,将双手放在膝上

图 2-18　向右转膝 8 次,再向左转膝 8 次

图 2-19　双膝并拢,向前曲身,将双手放在膝上,屈膝下蹲

图 2-20　回到原先的站立姿势,整个动作重复 8 次

7. 手腕和脚踝

双手手指交叉,右脚用前脚掌着地,旋转手腕和踝关节,重复 8 次;换脚,重复之前动作 8 次(如图 2-21)。

图 2-21

8. 侧压腿

双脚两边打开,往右边曲膝蹲下,左脚伸直,钩脚,脚趾向上,左手把左膝往外顶开,右手把右膝盖按直,重复8次;换脚,重复之前动作8次(如图2-22)。

图2-22

二、基本步型

在跆拳道的练习和实战过程中,站立姿势的脚步形状就是跆拳道步型。跆拳道的基本步型有很多种,每一种步型都和随后的步法、动作有着直接的联系,是练习跆拳道必要的和最基本的姿势,练习者必须要按规格要求练习每一种步型。

1. 一般准备式

上身、腰与膝都挺直。双手握拳,拳离身体两个拳长的距离。双肩放松,下巴内收,双眼平视前方,两脚分开,有一脚长的距离,脚尖向前。这一步法是所有运动的起始点(如图2-23)。

图2-23

2. 格斗式

一般准备式站立后,右脚向后移大约一个半肩宽的距离,双膝微曲,重心60%在前脚上,双脚跟离地,身体呈45度侧身,以保护一些致命点。这一姿势用于准备战斗,常用于格斗中(如图2-24)。

图2-24

3. 走步

双脚脚趾向前,双膝伸直,步伐大小与平时走路一样(如图2-25)。

图2-25

4. 马步

双脚脚趾向前,相隔大约两个半脚长的距离,双膝向前弯曲,胸、腰挺直。双拳放在腰间,拳面向上,两肘向后夹紧,重心在两腿中间(如图2-26)。

图2-26

5. 弓步

右脚45度外展,左脚向前两步半,脚尖向前,胸腰挺直,右膝挺直,左膝弯曲,重心在两脚的中间(如图2-27)。

图2-27

6. 丁步

双脚相隔两步半的距离。左脚向前,右脚外展90度。双膝弯曲,后肩、胯与后脚成一条直线。重心70%在后脚上,30%在前脚。此步法也称为三七步、后弓步(如图2-28)。

图2-28

7. 虎步

两脚相隔半步的距离,前脚(左脚)向前,后脚(右脚)向外展35度,左脚后跟提起,脚掌轻触地面,双膝弯曲并微向内缩,身体重心在后脚(右脚)上(如图2-29)。

图2-29

三、基本的移动步法

实战中,步法的灵活运用对保证充分发挥腿的威力,取得实战的胜利具有极其重要的意义。步法使用时多以后腿进攻,因此跆拳道的步法具有鲜明的特点,即重心落在两脚之间或偏于前腿,而且身体姿势大都以侧向站立,以便保护身体和正面要害部位,使后腿通过拧腰转髋发力。

1. 换步

图2-30 格斗式站立,双脚跟离地,膝盖与脚踝弯曲

图2-31 胯骨突然转动的过程,两脚互换位置

2. 前进步

图2-32 格斗式站立,后脚(右脚)踝用力蹬地

图2-33 两脚同时向前跃进一步,保持格斗式姿势

3. 后退步

图2-34 格斗式站立,前脚(左脚)用力往后蹬

图2-35 两脚同时向后撤一步,保持格斗式姿势

4. 上步

图2-36 格斗式站立,后脚(右脚)用力蹬地,以前脚(左脚)为轴

图2-37 左脚与胯骨转动,使右脚向前踏一步

5. 滑步

图2-38　格斗式站立,后脚(右脚)往前蹬地

图2-39　前脚(左脚)同时抽膝提起,重心一起移动

6. 侧移步

图2-40　格斗式站立

图2-41　后脚(左脚)向侧方向移动后,前脚(右脚)迅速跟上,保持格斗式姿势

图2-42　以后脚(右脚)为轴,前脚(左脚)向侧方向移动,后脚(右脚)迅速跟上,保持格斗式姿势

四、基本的隔挡

跆拳道运动是以快打慢、以强打弱的硬式搏斗技术，在千变万化的对抗中，难免会被对手攻击。当自己处于被动状态时，隔挡就成了一个很重要的技术。初练跆拳道的朋友必须很好地掌握隔挡技术，因为在对抗中你不可能百分之百地躲避对手的每次攻击。

1. 下挡

图2-43 右手作为辅助手自然稍微抬起，左手作为挡手，起点在左肩上，微微转腰

图2-44 双手交叉，左手在外侧往下挡

图2-45 挡手（左手）的终点在大腿前，相隔两个拳的距离，挡手手肘要伸直，辅助手收回腰旁

2. 上挡

图2-46 右手作为辅助手自然曲肘,左手作为挡手,起点在腰间,微微向右转腰

图2-47 双手交叉,挡手(左手)在外侧往上挡

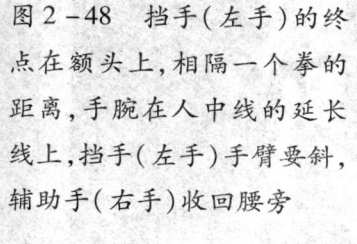

图2-48 挡手(左手)的终点在额头上,相隔一个拳的距离,手腕在人中线的延长线上,挡手(左手)手臂要斜,辅助手(右手)收回腰旁

3. 中内挡

图2-49 左手作为辅助手自然向前抬起,右手为挡手,曲肘起点在肩旁,微微转腰

图2-50 挡手(右手)水平向正前方防御

图051 挡手（右手）终点在正前方的中线，与肩同高，手肘弯约120度，辅助手（左手）收回腰旁

4.中外挡

图2-52 左手为辅助手自然曲肘，右手为挡手，起点在腰旁，微微转腰

图2-53 双手交叉，挡手（右手）在外侧往外挡

图2-54 挡手终点在右肩前方与肩同高，手肘弯约120度，辅助手（左手）收回腰旁

5. 侧手刀

图2-55　右手作为辅助手自然曲肘，双手交叉，左手作为挡手在外，掌心向内，与肩同高

图2-56　挡手(左手)水平地向外侧隔挡，转动手臂使手掌向外

6. 双手刀

图2-57　双手手肘弯曲，起点在侧后方，右手手掌向外，左手手掌对着下巴，与肩同高

图2-58　双手直线，水平地向前移动

图2-59　右手转动手臂，终点是手腕在心窝前面，手掌向上；左手水平地向外侧隔挡，转动手臂使手掌向外

7. 手掌中内隔挡

图2-60 左手作为辅助手自然向前抬起，右手作为挡手在侧后方，手肘弯曲，手掌向外，与肩同高

图2-61 挡手（右手）向心窝方向隔挡

图2-62 挡手（右手）终点在心窝前，手掌向侧，以掌心隔挡，辅助手（左手）收回腰旁

8. 剪刀手隔挡

图2-63 右手（下挡）曲肘，与肩同高；左手（中外挡）在左腰旁

图2-64 双手在胸前交叉，右手（下挡）在里，左手（中外挡）在外

第二章 跆拳道运动基本技战术

图2-65 右手终点与下挡位置相同，左手拳心向内，手肘曲约120度

9.双下隔挡

图2-66 双手手肘弯曲，交叉置于双肩前，左手在外

图2-67 双手手臂紧靠向下移动，手臂旋转，转为右手在外

图2-68 双手同时用手臂外侧向身体侧面隔挡，手臂相隔身体两个拳头的距离

10. 交叉拳下隔挡

图2-69 双手握拳交叉置于腰旁，右手在上，拳眼向上

图2-70 双手手臂紧靠，同时向小腹前交叉做隔挡

五、基本的手部攻击

在跆拳道的比赛中，使用腿法的比例比较大，而实战性的跆拳道技术，其实拳法也是很重要的。跆拳道比赛重腿法，只是多考虑比赛的观赏性而已。

1. 正拳

图2-71 马步准备，辅助手（左手）自然抬起，击打手（右手）微微向回拉

图2-72 击打手（右手）从腰间向心窝位打出，要运用腰力，手肘伸直，肩不要一高一低、一前一后

2. 上拳

图2-73　马步准备，辅助手自然抬起，击打手微微向回拉。击打手从腰间向人中穴打出，要运用腰力，手肘伸直

3. 下拳

图2-74　马步准备，辅助手自然抬起，击打手微微向回拉。击打手从腰间向对手小腹打出，要运用腰力，手肘伸直

4. 中手刀

图2-75　左手作为辅助手自然向前抬起，右手为击打手，起点曲肘在肩旁，微微转腰

图2-76　击打手应直线、水平向正前方攻击，同时由拳变手刀

图2-77 击打手运用腰力,旋转手臂,击打在正前方的脖子高度,手肘微曲,肩不要一高一低、一前一后,辅助手收回腰旁

5. 背锤

图2-78 辅助手(左手)曲肘,握拳,水平置于胸前,击打手(右手)在辅助手内

图2-79 击打手(右手)向正前方从内往外攻击,用拳背击打对方的人中穴,辅助手(左手)收回腰旁

6. 锤拳

图2-80 辅助手曲肘,握拳,水平置于胸前,击打拳在辅助手内

图2-81 击打手向侧方从内往外攻击,用拳背击打对方的头顶、脸、肩等,辅助手收回腰旁

7. 掌击

图2-82 辅助手(右手)自然向前抬起,击打拳(左手)在腰间打出,打出的同时由拳变掌,手肘微曲,击打的目标是下巴位,辅助手(右手)收回腰旁

六、基本的脚法

跆拳道是一项以脚法为主的独特武艺,约75%的动作都是由脚法完成。如果想在实战搏击中发挥出巨大的威力,那就必须重视脚法的基础训练。

1. 前踢 frontkick

图2-83 格斗式准备

图2-84 右脚蹬地向前抽膝

图2-85 膝盖抬至对准目标的同时,小腿踢出并顶胯,使力度能有效地向前击打,用前脚掌击打目标

图2-86 迅速收回小腿

图 2-87 返回格斗式准备

2. 下劈 axekick

图 2-88 格斗式准备

图 2-89 右脚蹬地向前抽膝抬腿，重心前移至左脚

图 2-90 上提膝关节至胸部，右小腿以膝关节为轴向上伸直，将右腿伸直举于体前，右脚过头

图 2-91 然后送胯，脚用力向下，以右脚后跟（或脚掌）劈打目标，脚在落地之前收力

图 2-92　返回格斗式

3. 横踢 round-housekick

图 2-93　格斗式准备

图 2-94　右脚蹬地，重心前移至左脚，右脚屈膝上提

图 2-95　左脚前脚掌原地内旋180度，胯骨左转，右小腿向前抬至水平状态

图 2-96　小腿快速向左前横向踢出

图2-97 击打目标后迅速放松收回小腿,成格斗姿势

4. 推踢 pushingkick

图2-98 格斗式准备

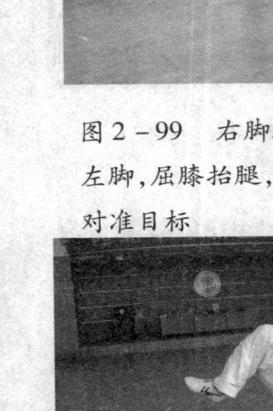

图2-99 右脚蹬地,重心前移至左脚,屈膝抬腿,脚踝钩起,用脚掌对准目标

图2-100 送胯,脚掌向前蹬推,力点在脚跟,推力向正前方

图2-101 踢击后收脚,成格斗式准备

5. 后踢 backkick

图2-102 格斗式准备

图2-103 右脚曲膝往后方钩脚

图2-104 头与身体往后方转,背对对手;双腿夹紧,左脚膝盖微曲,右脚膝关节夹紧,脚踝钩紧,微微弯腰

图2-105 随即左脚蹬地伸直,右脚自左大腿内侧向后方直线踢出,力达脚跟

图2-106 踢击后收脚,成格斗式准备

6. 侧踢 sidekick

图2-107　格斗式准备

图2-108　右脚蹬地向左前方抽膝，膝盖夹紧，左脚以前脚掌为轴旋转180度，转胯，脚刀对着目标

图2-109　右脚快速向目标直线蹬出，力点在脚跟

图2-110　发力后按出腿路线收腿

图2-111　成格斗式准备

7. 后旋踢 backspinningkick

图2-112 格斗式准备

图2-113 两脚以两脚掌为轴均旋转约180度，头与身体右转

图2-114 右脚蹬地，将蹬地的力量与上体拧转的力量合在一起

图2-115 右腿继续向右后旋摆鞭打

图2-116 同时上体向右转，带动右腿弧形摆至身体右侧，收脚

图2-117 成格斗式准备

8. 双飞踢

图 2-118　格斗式准备

图 2-119　重心向前在左脚上，右腿迅速抽膝

图 2-120　右脚抽膝横踢

图 2-121　在收脚落地之前，迅速的转胯并抬起左脚

图 2-122　左脚抽膝横踢，右脚落地为支撑脚

图 2-123　收脚，成格斗式准备

9. 旋风踢

图 2-124　格斗式准备

图 2-125　以左脚掌为轴，向后方转体 180 度

图 2-126　右脚往身体后方向目标直线提起，身体稍向后仰

图 2-127　在右脚下落的同时，左脚蹬地，转胯

图 2-128　使用左脚横踢技术击打目标，右脚为支撑脚

图 2-129　收脚，成格斗式准备

第二节　跆拳道运动基本技战术实战

一、前踢进攻

前踢进攻主要攻击部位有面部、下颌、腹部、裆部。其动作要点为膝关节夹紧，小腿放松，要有弹性；往前送，高踢时往上送；小腿回收与前踢的速度一样快；脚背绷直，脚趾往上钩。

1. 滑步前踢头部

图 2-130　双方闭式站立

图 2-131　红方向前滑步，左脚抽膝

图 2-132　右脚着地的同时左脚弹腿，前踢击打蓝方头部

图 2-133　收脚返回

2. 上步 + 后前踢头部

图 2-134　双方闭式站立

图 2-135　红方右脚上步，拉近距离

图 2-136　左脚抽膝前踢击打蓝方头部

图 2-137　收脚返回

二、下劈进攻

下劈主要攻击部位有头顶、脸部和锁骨。其动作要点是击打脚下劈时不能直劈地面，一定要收力，以免脚部直劈地面而受伤。当对手的防守姿势中出现间隙时，充分运用自己的技术优势，进攻对手。

上步 + 后下劈

跆 拳 道

图 2-138　双方闭式站立

图 2-139　红方左脚蹬地向前上步，注意重心跟着向前，与对手拉近距离

图 2-140　右脚迅速抬起，下劈击打蓝方头部

图 2-141　收脚返回

三、横踢进攻

横踢主要攻击的部位有头部、胸部、腹部和肋部。其动作要点是：膝关节夹紧，向前提膝尽量走直线，支撑脚与胯骨旋转180度；送胯，身体与大小腿成直线；严格注意击打的力点在正脚背，踝关节放松。

1. 上步+后横踢

第二章 跆拳道运动基本技战术

图2-142 双方闭式站立

图2-143 红方转胯，右脚蹬地上步，拉近双方距离

图2-144 红方迅速横踢击打蓝方胸部

2. 交叉上步＋后横踢

图2-145 双方开式站立

图2-146 红方右脚蹬地向前上步，注意重心向前

图2-147　左脚迅速向前上步

图2-148　右脚抽膝横踢击打蓝方胸部

四、后踢进攻

后踢主要攻击部位有膝部、腹部、裆部、胸部和头面部。其主要动作要点是：起腿后上体和大小腿折叠收紧；后踢时动作延伸要长，用力延伸；转身、提腿、出脚动作连续一次性完成，不能停顿，击打目标在正后偏右。

上步+后踢

图2-149　双方开式站立

图2-150　红方右脚上步，注意右脚着地时要向内转

图2-151　红方左脚蹬地向后转胯，后踢击打蓝方胸部

五、侧踢进攻

侧踢主要攻击部位有膝部、腹部、肋部、胸部和头面部。其动作要点是：起腿时膝关节夹紧；踢出发力时，头、肩、腰、髋、膝、腿和踝成一条直线；大小腿直线蹬出，原路线收回。侧踢和中国散打中的侧踹相同，是用脚跟和脚刀作为击打点击打目标，主要攻击对方的肋部和腹部。

滑步侧踢

图 2-152　双方开式站立

图 2-153　红方迅速向前滑步，左脚向前抽膝

图 2-154　红方在右脚着地的同时用左脚脚刀击打蓝方胸部

六、后旋踢进攻

后旋踢主要攻击部位有面额和胸部。其动作要点是：转身、旋转、踢腿连贯进

行,中间没有停顿;击打点应在正前方,呈水平弧线;屈膝起腿的旋转速度要快。后旋踢是跆拳道的腿法中最漂亮、最有观赏性的腿法之一。

上步+后旋踢

图2-155 双方闭式站立

图2-156 红方左脚上步,注意落脚的同时向内旋转

图2-157 转动胯骨,右脚后旋踢击打蓝方头部

七、双飞踢进攻

双飞踢主要攻击部位有胸、腹、肋和头部。其动作要点是:两脚交换之间,要快速转胯;踢击第一腿时,要转胯;支撑脚不能转太多,转多了会阻碍第二脚的起脚速度。双飞踢的使用频率、得分率或成功率都要优于其他跆拳道腿法技术。

上步+双飞踢

第二章　跆拳道运动基本技战术

图2-158　双方闭式站立

图2-159　红方右脚向前上步

图2-160　红方左脚迅速横踢击打蓝方腰部

图2-161　右脚蹬地转胯换腿

图2-162　右脚横踢击打蓝方胸部

八、旋风踢进攻

旋风踢主要攻击的部位有头部、胸部、腹部和肋部。其动作要点是：提起右脚向后转体时，右脚应直线向目标提起，两大腿内侧之间的距离不应过大；为保持重心，身体应稍向后倾。旋风踢主要控制好身体重心，使转身的速度加快。

上步+旋风踢

图2-163　双方开式站立

图2-164　红方右脚向前上步，注意右脚着地时要向内转

图2-165　以右脚为轴，转动胯骨向左转，左脚向蓝方抬起

图2-166　红方右脚蹬地跳起，向前抽膝

图2-167 在左脚落地的同时,右脚横踢击打蓝方胸部

九、拳组合腿法

拳腿组合能够相互取长补短,击打时要准备立即起腿进攻或者反击。如双方贴靠时,也可以用拳攻击把对手推开,并趁机使用腿的技术攻击,如横踢、下劈等。这样的组合理论上属于最完美的。在实战中,抓住机会运用拳腿组合,能给对手狠狠一击。

1.拳+横踢

图2-168 双方开式站立

图2-169 当红方右脚横踢进攻时,蓝方左脚向前上步,左手防御攻击,右手中拳击打红方胸部

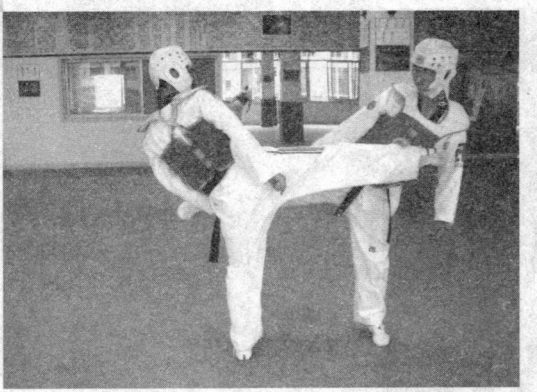

图2－170 蓝方右脚迅速抽膝横踢击打红方腰部

2. 拳＋下劈

图2－171 双方开式站立

图2－172 当红方右脚横踢进攻时,蓝方左脚向前上步,左手防御攻击,右手中拳击打红方胸部

图2－173 蓝方右脚迅速抬起,下劈击打红方头部

第三章 跆拳道运动基本入门练习

现代跆拳道主要分成两种，一种是专业跆拳道，也叫竞技跆拳道，它的主要目的是用以参加比赛，它是奥运会的正式比赛项目；另一种就是业余跆拳道，也叫大众跆拳道，即是各道馆以及学校等开展的以兴趣爱好和教学为目的的跆拳道。它的训练内容比较丰富，包括踢、打、劈、摔、擒等格斗技术，以及品势、表演、功力等，具有强身、健身、防身的特点，在训练当中，练习者不但能掌握跆拳道华丽的招式，还能在锻炼身体的同时学习到防身的格斗技巧。上一章中，我们介绍了跆拳道运动的基本技战术以及实战，本章将介绍跆拳道中初学者的品势——太极，以帮助同学们把上一章中学习的各基本技术串联起来，简单、快速地入门跆拳道运动。

跆拳道中的品势与中国武术中的套路相似，即将一定数量的动作编排串连起来，形成一套具有一定特点和难度的统一模式套路。这样演练起来，既能融会贯通，腿、脚、身、臂俱练，又能互相结合，互相配合。所以品势具有固定的动作，且动作之间都有联系，同时精神含义也藏在其中，打出的品势是否美观，取决于你对品势的理解和自身的文化修养。学习品势就如小时候背课文，先把别人的、现成的好文章背下来，分析透彻，然后你就可以考虑写有自己特色的东西了。

跆拳道品势"太极"包括八章，是初学者应掌握的基本品势。太极中的每一章都代表八卦的一个方位，所具有的属性也不一样，所以每一章的节奏和发力方式也都不一样。

第一节　太极一章——乾

　　太极一章的一套动作是对八卦中"乾"（天）的运用。"乾"是八卦的第一卦，寓示着宇宙万物根源的开始，同时又有刚阳之意，因此太极一章就是形成跆拳道的根本。太极一章是由走步、弓步、中拳、下挡、中挡、上挡、前踢等组合而成的，以帮助学员理解潜藏在跆拳道中的哲学。太极一章共18个动作。

图3-1　以准备式站好

图3-2　向左转90度，成左走步，同时左手下隔挡

图3-3　移动右脚向前成右走步，同时打右中拳

图3-4　移动右脚向后转180度，成右走步，同时右手下隔挡

图3-5 移动左脚向前成左走步,同时打左中拳

图3-6 移动左脚向左转90度,成左弓步,同时左手下隔挡

图3-7 保持同样的姿势,打右中拳

图3-8 收右脚向右转90度,成右走步,同时左手中隔挡

图3-9 移动左脚向前成左走步,同时打右中拳

图3-10 移动左脚向后转180度,成左走步,同时右手中隔挡

跆拳道

图3-11　移动右脚向前成右走步，同时打左中拳

图3-12　移动右脚向右转90度，成右弓步，同时右手下隔挡

图3-13　保持同样姿势，打左中拳

图3-14　收左脚向左转90度，成左走步，同时左手上隔挡

图3-15　左脚不动，右脚前踢头部

图3-16　放下成右走步，同时打右中拳

图3-17 移动右脚向后转180度,成右走步,同时右手上隔挡

图3-18 右脚不动,左脚前踢头部

图3-19 放下成左走步,同时打左中拳

图3-20 移动左脚向右转90度,成左弓步,同时左手下隔挡(背面图)

图3-21 同图3-20(正面图)

图3-22 移动右脚向前成右弓步,同时打右中拳,打最后一拳的时候喊"呀!"(背面图)

图 3-23 同图 3-22（正面图）

图 3-24 以右脚为轴向左转 180 度，以准备式结束

第二节 太极二章——兑

太极二章的动作是对八卦中的"兑"的运用。"兑"在八卦中"为泽，为少女"，因此有内刚外柔之意，故而太极二章的形态，表面虽然柔和，但实际却是刚强的攻击，以攻击下段、中段及前踢、防上段等动作交互使用。共18个动作。

图 3-25 以准备式开始

图 3-26 向左转90度，成左走步，同时左手下隔挡

图3-27 移动右脚向前成右弓步,同时打右中拳

图3-28 以左脚为轴向右转180度,移动右脚成右走步,同时右手下隔挡

图3-29 移动左脚向前成左弓步,同时打左中拳

图3-30 以右脚为轴向左转90度,移动左脚成左走步,同时右手中内隔挡

图3-31 移动右脚向前成右走步,同时左手中内隔挡

图3-32 以右脚为轴向左转90度,移动左脚成左走步,同时左手下隔挡

图3-33 左脚固定,右脚前踢攻头部

图3-34 放下成右弓步,同时打右高拳

图3-35 以左脚为轴向右转180度,移动右脚成右走步,同时左手下隔挡

图3-36 右脚固定,左脚前踢攻头部

图3-37 放下成左弓步,同时打左高拳

图3-38 以右脚为轴向左转90度,移动左脚成左走步,左手同时上隔挡

第三章 跆拳道运动基本入门练习

图3-39 左脚固定,移动右脚向前成右走步,同时右手上隔挡

图3-40 以右脚为轴,移动左脚向左转270度成左走步,同时右手中内隔挡

图3-41 以左脚为轴,移动右脚向右转180度成右走步,同时左手中内隔挡

图3-42 以右脚为轴,移动左脚向左转90度成左走步,同时左手下隔挡(背面图)

图3-43 同图3-42(正面图)

图3-44 左脚固定,右脚前踢攻头部(背面图)

图3-45 同图3-44(正面图)

图3-46 放下成右走步,同时打右中拳(背面图)

图3-47 同图3-46(正面图)

图3-48 右脚固定,左脚前踢攻头部(背面图)

图3-49 同图3-48(正面图)

图3-50 放下成左走步,同时打左中拳(背面图)

图3-51 同图3-50(正面图)

图3-52 左脚固定,右脚前踢攻头部(背面图)

图3-53 同图3-52(正面图)

图3-54 右脚走步,同时打右中拳,打最后一拳时喊"呀!"(背面图)

图3-55 同图3-54(正面图)

图3-56 以右脚为轴向左转180度回到准备式

第三节 太极三章——离

太极三章的动作是对八卦中的"离"的运用。"离"是象征着火,具有光和热的含意。因此太极三章的形态,含有充满活力的动作,主要由下段、前踢、正功及手刀等技术动作构成,共20个动作。

图3-57 以准备式开始

图3-58 向左转90度,成左走步,同时左手下隔挡

图3-59 左脚固定,右脚前踢攻头部

图3-60 放下成右弓步,同时打右中拳

第三章 跆拳道运动基本入门练习

图3-61 打左中拳

图3-62 以左脚为轴,移动右脚向右转180度成右走步,同时右臂下挡

图3-63 右脚固定,左脚前踢攻头部,放下成左弓步,同时打左中拳、右中拳

图3-64 放下成左弓步,同时打左中拳

图3-65 打右中拳

图3-66 以右脚为轴,移动左脚向左转90度成左走步,同时右手中刀手攻击

跆 拳 道

图3-67 左脚固定,右脚向前成走步,同时左手中刀手攻击

图3-68 右脚固定,移动左脚向左转,成左丁步,同时左手侧手刀隔挡

图3-69 左脚滑步成左弓步,同时打右中拳

图3-70 以左脚为轴,移动右脚向右转,成右丁步,同时右手侧手刀隔挡

图3-71 右脚滑步成右弓步,同时打左中拳

图3-72 移动左脚向左转90度成左走步,同时右手中内隔挡

第三章 跆拳道运动基本入门练习

图3-73 左脚固定,移动右脚向前成右走步,同时左手中内隔挡

图3-74 以右脚为轴,移动左脚向左转270度成左走步,同时左手下隔挡

图3-75 左脚固定,右脚前踢攻头部

图3-76 放下成右弓步,同时打右中拳

图3-77 打左中拳

图3-78 以左脚为轴,移动右脚向右转180度成右走步,同时右手下隔挡

图3-79 右脚固定,左脚前踢攻头部

图3-80 放下成左弓步,同时打左中拳

图3-81 打右中拳

图3-82 右脚固定,移动左脚向左转90度成左走步,同时左手下隔挡(背面图)

图3-83 同图3-82(正面图)

图3-84 打右中拳

第三章 跆拳道运动基本入门练习

图3-85 左脚固定,移动右脚向前成右走步,同时右手下隔挡

图3-86 打右中拳(背面图)

图3-87 同图3-86(正面图)

图3-88 打左中拳(背面图)

图3-89 同图3-88(正面图)

图3-90 右脚固定,左脚前踢攻头部(背面图)

图3-91 同图3-90(正面图)

图3-92 放下成左走步,同时左手下隔挡(背面图)

图3-93 同图3-92(正面图)

图3-94 打右中拳(背面图)

图3-95 同图3-94(正面图)

图3-96 左脚固定,右脚前踢攻头部(背面图)

第三章 跆拳道运动基本入门练习

图3-97 同图3-96(正面图)

图3-98 放下成右走步,同时右手下隔挡(背面图)

图3-99 同图3-98(正面图)

图3-100 打左中拳,打最后一拳的时候喊"呀!"(背面图)

图3-101 同图3-100(正面图)

图3-102 以右脚为轴向左转180度回到准备式

第四节　太极四章——震

太极四章的动作是对八卦中的"震"的运用。"震"的意思是具有警惕性、虔诚态度和权威性。这一套路中包括了按手刀、攻手刀、贯手、中段外防、侧踢等技术。太极四章共20个动作。

图3－103　以准备式开始

图3－104　移动左脚向左转90度成左丁步，同时左双手刀隔挡

图3－105　左脚固定，移动右脚向前成右弓步，同时左手向下掌隔挡，右手贯手攻击心窝

图3－106　左脚固定，移动右脚向右转180度成右丁步，同时右双手刀隔挡

第三章　跆拳道运动基本入门练习

图3-107　右脚固定,移动左脚向前成左弓步,同时右手向下掌隔挡,左手贯手攻击心窝

图3-108　右脚固定,移动左脚向左转90度成左弓步,左手刀上隔挡,同时右手手刀攻颈部

图3-109　左脚固定,右脚前踢攻头部

图3-110　放下成右弓步,同时打左中拳

图3-111　以右脚为轴,左脚侧踢

图3-112　放下左脚,迅速以左脚为轴,右脚侧踢

跆拳道

图3-113 放下右脚成右丁步，同时右双手刀中隔挡

图3-114 以右脚为轴，移动左脚向左转270度成左丁步，同时左手中外隔挡

图3-115 右脚前踢攻头部

图3-116 收回原位成左丁步，同时右手中内隔挡

图3-117 以左脚为轴向右转180度，移动右脚成右丁步，同时右手中外隔挡

图3-118 左脚前踢攻头部

第三章 跆拳道运动基本入门练习

图3-119 收回原位成右丁步,同时左手中内隔挡

图3-120 右脚为轴,移动左脚向左转90度成左弓步,同时左手刀上隔挡,右手手刀攻颈部(背面图)

图3-121 同图3-120(正面图)

图3-122 左脚固定,右脚前踢攻头部(背面图)

图3-123 同图3-122(正面图)

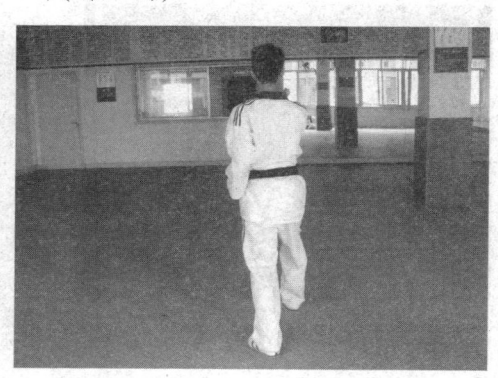

图3-124 放下成右弓步,同时打右背锤(背面图)

图3-125 同图3-124（正面图）

图3-126 以右脚为轴，移动左脚向左转90度成左走步，同时左手中内隔挡

图3-127 双脚不动，打右中拳

图3-128 以左脚为轴，移动右脚向右转180度成右走步，同时右手中内隔挡

图3-129 双脚不动，打左中拳

图3-130 右脚固定，移动左脚向左转90度成左弓步，同时左手中内隔挡（背面图）

图3-131　同图3-130(正面图)

图3-132　打右中拳(背面图)

图3-133　同图3-132(正面图)

图3-134　打左中拳(背面图)

图3-135　同图3-134(正面图)

图3-136　左脚固定,移动右脚向前成右弓步,同时右手中内隔挡(背面图)

图 3-137　同图 3-136（正面图）

图 3-138　打左中拳（背面图）

图 3-139　同图 3-138（正面图）

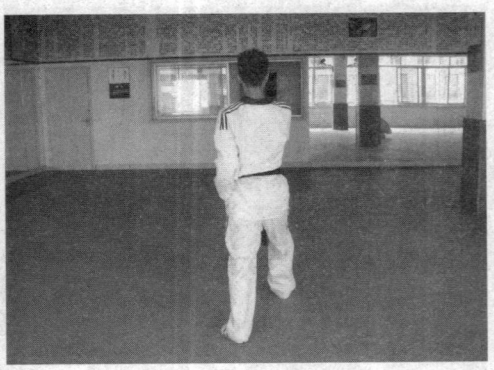

图 3-140　打右中拳，打最后一拳的时候喊"呀！"（背面图）

图 3-141　同图 3-140（正面图）

图 3-142　以右脚为轴，移动左脚向左转 180 度成准备式

第五节 太极五章——巽

太极五章的动作是对八卦中的"巽"的运用。"巽"即风。风又分为微风与强风，微风表示静谧，而强风则表示威猛之势。而太极五章的动作反映的就是这种形态，所以前面的动作要做得温柔，如微风拂面，下半段才演变为强烈，如风暴一般有力。此章的动作包括锤拳、背锤、肘击、前踢、侧踢等。太极五章共20个动作。

图3-143 以准备式开始

图3-144 移动左脚向左转90度成左弓步，同时左手下隔挡

图3-145 左脚后撤，成左小丁步，同时左手打一记向下的锤拳

图3-146 移动右脚向右转180度成右弓步，同时右手下隔挡

图3-147 右脚后撤,成右小丁步,同时右手打一记向下的锤拳

图3-148 右脚固定,左脚向前成左弓步,同时左手中内隔挡

图3-149 右手中内隔挡

图3-150 左脚固定,右脚前踢攻头部

图3-151 放下成右弓步,同时打右背锤

图3-152 左中内隔挡

图3-153 右脚固定,左脚前踢攻头部

图3-154 放下成左弓步,同时打左背锤

图3-155 右中内隔挡

图3-156 左脚固定,右脚向前成右弓步,同时打右手背锤

图3-157 以右脚为轴,移动左脚向左转270度成左丁步,同时左手侧单手刀隔挡

图3-158 左脚固定,移动右脚向前成右弓步,同时以左手掌盖住右拳的拳面,右肘肘击

图3-159 以左脚为轴,移动右脚向右转180度成右丁步,同时右手侧单手刀隔挡

图3-160 右脚固定,移动左脚向前成左弓步,同时以右手掌盖住左拳的拳面,左肘肘击

图3-161 右脚固定,移动左脚向左转90度成左弓步,同时左手下隔挡(背面图)

图3-162 同图3-161(正面图)

图3-163 右手中内隔挡(背面图)

图3-164 同图3-163(正面图)

第三章　跆拳道运动基本入门练习

图3-165　左脚固定,右脚前踢攻头部(背面图)

图3-166　同图3-165(正面图)

图3-167　放下成右弓步,同时右手下隔挡(背面图)

图3-168　同图3-167(正面图)

图3-169　左手中内隔挡(背面图)

图3-170　同图3-169(正面图)

图3-171 以右脚为轴,移动左脚向左转90度成左弓步,同时左手上隔挡

图3-172 左脚固定,右脚侧踢攻头部,同时右手握拳伸直

图3-173 放下成右弓步,同时向着右手的手掌打一记中位的左肘击

图3-174 以左脚为轴,移动右脚向右转180度成右弓步,同时右手上隔挡

图3-175 右脚固定,左脚侧踢攻头部,同时左手握拳伸直

图3-176 放下成左弓步,同时向着左手的手掌打一记中位的右肘击

第三章 跆拳道运动基本入门练习

图3-177 以右脚为轴,移动左脚向左转90度成左弓步,同时左手下隔挡(背面图)

图3-178 同图3-177(正面图)

图3-179 右手中内隔挡(背面图)

图3-180 同图3-179(正面图)

图3-181 右脚前踢攻头部(背面图)

图3-182 同图3-181(正面图)

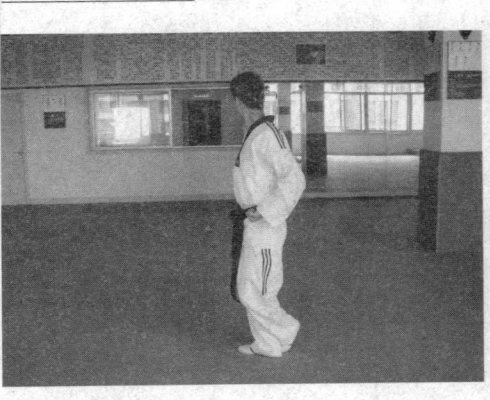

图3-183 向前成右十字步,同时打右背锤,打最后一拳的时候喊"呀!"(左侧面图)

图3-184 同图3-183(右侧面图)

图3-185 以右脚为轴向左转180度成准备式

第六节 太极六章——坎

太极六章的动作是对八卦中的"坎"的运用。"坎"表示如水般柔软,水无形,也不会失去它的本性,因此,太极六章必须用柔软舒缓的动作区表现柔软状态。此章动作包括外隔挡、手刀、前踢、横踢等。共19个动作。

第三章 跆拳道运动基本入门练习

图3-186 以准备式开始

图3-187 移动左脚向左转90度成左弓步,同时左手下隔挡

图3-188 右脚前踢攻头部

图3-189 收回原位成左丁步,同时左手中外隔挡

图3-190 以左脚为轴,移动右脚向右转180度,同时右手下隔挡

图3-191 左脚前踢攻头部

跆拳道

图3-192 收回原位成右丁步,同时右手中外隔挡

图3-193 右脚固定,左脚滑步向左转90度成左弓步,同时转身右手刀隔挡

图3-194 左脚固定,右脚横踢攻头部

图3-195 收脚成右弓步

图3-196 右脚固定,移动左脚向左转90度成左弓步,同时左手中外隔挡

图3-197 打右中拳

图3－198　左脚固定，右脚前踢攻头部

图3－199　放下成右弓步，同时打左中拳

图3－200　以左脚为轴，移动右脚向右转180度成右弓步，同时右手中外隔挡

图3－201　打左中拳

图3－202　右脚固定，左脚前踢攻头部

图3－203　放下成左弓步，同时打右中拳

图3-204 右脚固定,移动左脚向左转90度成开始姿势,交叉双臂在锁骨。在胸前慢慢放下双臂,然后以双臂低位开架,双手下隔挡

图3-205 左脚固定,移动右脚成右弓步,同时左手转身手刀隔挡

图3-206 右脚固定,左脚横踢攻头部,横踢的同时要喊"呀!"

图3-207 收脚成左弓步,然后以左脚为轴,移动右脚向右转270度成右弓步,同时右手下隔挡

图3-208 左脚前踢攻头部

图3-209 收回成右丁步,同时右手中外隔挡

图3-210 以右脚为轴,移动左脚向左转180度成左弓步,同时左手下隔挡

图3-211 右脚前踢攻头部

图3-212 收回原位成左丁步,同时左手中外隔挡

图3-213 以左脚为轴,移动右脚向左转90度成左丁步,同时双手刀隔挡

跆拳道

图3-214 右脚固定,移动左脚向后成右丁步,同时双手刀隔挡

图3-215 左脚固定,移动右脚向后成左弓步,同时左手掌中隔挡

图3-216 打右中拳

图3-217 右脚固定,移动左脚向后成右弓步,同时右手掌中隔挡

图3-218 打左中拳

图3-219 左脚固定,右脚回撤成准备式

第三章　跆拳道运动基本入门练习

第七节　太极七章——艮

太极七章是对八卦中的"艮"的运用。"艮"象征着山，山又具有厚重之意，因此这种形态要求以厚重的力量控制每一势动作的节奏，这在演练时很重要。此章动作包括掌内隔挡、背锤、双手刀、剪刀手隔挡、膝顶、交叉拳下隔挡、前踢、新月踢等。共25个动作。

图3-220　以准备式开始

图3-221　移动左脚向左转90度成左虎步，同时右手掌中掌隔

图3-222　左脚固定，右脚前踢攻头部

图3-223　收回原位成左虎步，同时左手中内隔挡

图3-224 移动右脚向右转180度成右虎步,同时左手掌中隔挡

图3-225 右脚固定,左脚前踢攻头部

图3-226 收回原位成右虎步,同时右手中内隔挡

图3-227 移动左脚向左90度成左丁步,同时下双手刀隔挡

图3-228 右脚向前一步成右丁步,同时下双手刀隔挡

第三章 跆拳道运动基本入门练习

图3-229 移动左脚向左转90度成左虎步,同时右手掌内隔挡并把左掌放在右肘下

图3-230 步法不变,打右背锤

图3-231 以左脚为轴,移动右脚向左转180度成右虎步,同时左手掌内隔挡并把右拳放在左肘下

图3-232 步法不变,打左背锤

图3-233 以右脚为轴,移动左脚至双脚并立,左掌抱右拳,慢慢从腹部抬起至下巴的高度,成抱拳姿势

图 3-234 右脚固定,左脚向前成左弓步,同时左剪刀手隔挡

图 3-235 右剪刀手隔挡

图 3-236 左脚固定,右脚向前成右弓步,同时右剪刀手隔挡

图 3-237 左剪刀手隔挡

图 3-238 以右脚为轴,移动左脚向左转270度成左弓步,同时双手交叉中外隔挡

第三章 跆拳道运动基本入门练习

图3-239 双手变掌举起

图3-240 右膝膝顶并双手掌向下压

图3-241 往前跳成十字步,同时双手勾拳以拳面攻腹部

图3-242 右脚固定,左脚向后成右弓步,同时右交叉拳下隔挡

图3-243 以左脚为轴,移动右脚向右转180度成右弓步,同时双手交叉中外隔挡

图3-244 双手变掌举起

跆拳道

图3-245 左膝膝顶并双手掌向下压

图3-246 往前跳成十字步,同时双手勾拳以拳面攻腹部

图3-247 左脚固定,右脚向后成左弓步,同时左交叉拳下隔挡

图3-248 以右脚为轴,移动左脚向左转90度成左走步,同时左手背锤外击（背面图）

图3-249 同图3-248（正面图）

图3-250 左脚固定,右脚新月踢（背面图）

第三章 跆拳道运动基本入门练习

图3-251 同图3-250（正面图）

图3-252 收脚成马步，同时右肘向左掌肘击

图3-253 右脚固定，移动左脚成右走步，同时右手背锤外击（背面图）

图3-254 同图3-253（正面图）

图3-255 右脚固定，左脚新月踢（背面图）

图3-256 同图3-255（正面图）

图3-257 收脚成马步,同时左肘向右掌肘击(背面图)

图3-258 同图3-257(正面图)

图3-259 步法不变,左手侧单手刀隔挡(背面图)

图3-260 同图3-259(正面图)

图3-261 左脚固定,左手收为拳,移动右脚向前成马步,同时打侧向右中拳,打最后一拳的时候喊"呀!"(背面图)

图3-262 同图3-261(正面图)

图3-263 以右脚为轴,移动左脚向左转成准备式

第八节 太极八章——坤

太极八章的动作是对八卦中"坤"的运用。"坤"则大地之意,是万物成长的根源。万物都从"地"得到生命,从它生长,取得无穷无尽的能量。"天生万物,地以载之。"太极八章作为初学者的最后过程,同时又是初段者的最初阶段,能升为有段者即表示技术上已达到一定水平。在成为初段(黑带)以前,所有的基本动作都要在这一章里回顾并复习一遍。共27个动作。

图3-264 以准备式开始

图3-265 左脚向前一步成左丁步,同时左手中外隔挡,右拳保护心窝

图3-266 右脚固定,左脚侧移成左弓步,同时打右中拳

图3-267 左脚凌空前踢并喊"呀!"

图3-268 落地成左弓步,同时左手中内隔挡

图3-269 打右中拳

图3-270 打左中拳

图3-271 左脚固定,右脚向前成右弓步,同时打右中拳

第三章 跆拳道运动基本入门练习

图3-272 以右脚为轴,移动左脚向左转270度成右弓步,同时左手下隔挡同时右手上外隔挡

图3-273 打左中拳

图3-274 双脚原地换方向成左弓步,慢慢打出右手上勾拳,左拳放在右肩上

图3-275 左脚退一步在右脚前面交叉

图3-276 右脚迅速退一步,成左弓步,右手下隔挡同时左手上外隔挡

99

跆拳道

图3-277 双脚原地换方向成右弓步,慢慢打出左手上勾拳,右拳放在左肩上

图3-278 右弓步,左手上勾拳,右手放于左肩上

图3-279 以左脚为轴,移动右脚向左转90度,同时双手刀隔挡

图3-280 左脚侧移成左弓步,同时打右中拳

图3-281 右脚前踢攻头部

第三章 跆拳道运动基本入门练习

图3-282 收回原位，左脚后撤成右虎步，右手掌中内隔挡

图3-283 移动左脚向左转90度成左虎步，同时双手刀中隔挡

图3-284 右脚固定，左脚前踢攻头部

图3-285 收脚成左弓步，同时打右中拳

图3-286 收回左脚成左虎步，同时左手掌中内隔挡

图3-287 移动右脚向右转180度成右虎步，同时双手刀中隔挡

图3-288 左脚固定,右脚前踢攻头部

图3-299 收脚成右弓步,同时打左中拳

图3-300 收回右脚成右虎步,同时右手掌中内隔挡

图3-301 以左脚为轴,移动右脚向右转90度成右丁步,同时右手下隔挡,左拳保护心窝(背面图)

图3-302 同图3-301(正面图)

图3-303 左脚前踢攻头部(背面图)

第三章 跆拳道运动基本入门练习

图3-304 同图3-303(正面图)

图3-305 在左脚落地前,右脚凌空前踢并喊"呀!"(背面图)

图3-306 同图3-305(正面图)

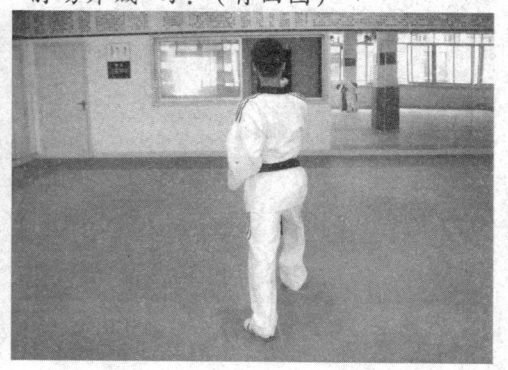

图3-307 落地成右弓步,同时右手中内隔挡(背面图)

图3-308 同图3-307(正面图)

图3-309 打左中拳(背面图)

图3-310 同图3-309（正面图）

图3-311 打右中拳（背面图）

图3-312 同图3-311（正面图）

图3-313 以右脚为轴，移动左脚向左转270度成左丁步，同时左手侧手刀隔挡

图3-314 左脚侧移成左弓步，同时右肘旋击

图3-315 步法不变，打右背锤

第三章 跆拳道运动基本入门练习

图3-316 步法不变，打左中拳

图3-317 左脚固定，身体向右转180度成右丁步，同时右手侧手刀隔挡

图3-318 右脚侧移成右弓步，同时左肘旋击

图3-319 步法不变，打左背锤

图3-320 步法不变，打右中拳

图3-321 右脚固定，收左脚成准备式

第四章 跆拳道运动综合知识

　　跆拳道是朝鲜民族的传统体育项目，在长期不断发展、汲取世界武术过程中不断得到充实和演变，现已成为奥运会正式比赛项目。它以简捷实用、内外兼修、手脚并用的运动特点深受广大青少年的喜爱，并在世界范围内得到了广泛的传播和发展。据有关资料显示，目前世界上已有170多个国家和地区开展跆拳道运动，直接或间接参与这项运动的人数已达8000多万。并且这些数字会随着跆拳道运动的发展而逐年上升。

　　近年来，我国跆拳道竞技水平日益提高，尤其是我国选手在世界级比赛中屡创佳绩后，给国内跆拳道的发展带来了前所未有的契机，参与跆拳道运动的人数也越来越多。特别是青少年的学习热情空前高涨，越来越多的中学生已将跆拳道作为健身、修身和防身的时尚体育运动，通过练习跆拳道来达到修炼身心、磨练意志、培养品德的目的。因此，对跆拳道运动的各个方面有一定的了解则显得尤为重要。

第一节　跆拳道运动的价值

一、跆拳道运动的体育价值

　　练习跆拳道需要活动全身的肌肉和关节，是一项较全面的运动。人类一直很重视生命的维持和需要，所以无论对内环境还是对外环境的变化，都能及时做出适当的调整。

那么什么是内环境和外环境呢？所谓外环境，就是为了生存下去，人体与外界不可分割的那些关系。而内环境，就是我们可以把跆拳道的运动理解成为了生存目的与对内外刺激合理反映，达到内外环境协调、平衡统一的过程。

跆拳道正是把手脚和全身非动不可的部位做整体性的组合，按照科学的原理进行连接。因此，大到内外环境的秩序调节，小到维持身体机能平衡，跆拳道都具有绝对的发展性。

原国家体委主任伍绍祖，将跆拳道的作用高度概括为"健身、防身、修身"。跆拳道既然能够成为"世界第一搏击运动"，又能够发展成为奥运会的正式比赛项目，肯定有它自身的优点和独到之处，才会吸引着千千万万的人投身到跆拳道训练当中。

(一) 健身价值

跆拳道的健身价值在于跆拳道运动有利于学生敏捷思维，提高反应速度，判断能力和更好的集中注意力；培养勤奋好学、独立自强、坚韧不拔的优秀品质。增强自身体质和身体协调性、灵活性，有助于骨骼发育，提高心血管机能水平。

1. 练习跆拳道对人体肌肉血管的影响

不用多说健康对人体来说是最宝贵的资产，而保持健康就显的尤为重要。

跆拳道运动不同于显示力量方面的运动，不是用节大且突出的肌肉，而是让无力的脂肪组织变成肌肉，使身体变的轻盈敏捷。通常的重量运动能使发达的肌肉把血管之间的间隙拉开，由于血管数不变，因此无法在扩张的血管之间补充新的血管。其结果是通过吸氧和血管来排除人体内排泄的困难。所以只有把不必要的大肌肉锻炼成长而坚韧的肌肉，使身体得到更多血液，提高人的耐力、爆发力和身体的健康。

练习跆拳道是通过踢腿、拧腰、单手攻击和防御动作使上下肢的肌肉更为强健。而且通过抬高、踢腿的动作锻炼了腰侧的肌肉，因此对重新塑造健康的身体和均衡的体形有着与众不同的功效。

2. 练习跆拳道对于改善身体机能的好处

跆拳道通过科学性修炼和广泛的全身运动，正如医学博士克勃斯所说，增加脉搏，长时间提高心脏和肺的氧需求量，供给更多氧气，使身体组织更加健康。同时，使睡眠安稳，易于排除排泄物。另外，练习跆拳道不仅使瘦的人增加肌肉，相反，还使肥胖的人减少脂肪,使体重恢复正常。跆拳道不同于一般体育活动,做激烈的活动每小时消耗的热量为600卡(1卡=4.18焦耳),减少体重1磅要消耗3500里。因此,天练1个小时的话,一个星期就能减少1磅。

(二)自卫价值

跆拳道的自卫价值在于练习跆拳道可以磨练意志,提高练习者特有的高雅、脱俗的气质。提高防身自卫能力,增加信心.抵御侵害,应付复杂的社会环境。

(三)心理价值

练习跆拳道的心理价值主要体现在练习跆拳道可以减轻生活、学习与工作压力,调节心理平衡,保持良好的心态面对生活、学习和工作压力。

(四)才艺价值

练习跆拳道不但可以提高免疫能力,加速代谢能力,有效提高心、肺功能和供血量,有效保护内脏各器官,提高人体对食物中的营养吸收能力。同时我们把跆拳道作为一门形体艺术,通过表演,展现自我风采。

二、跆拳道运动的精神和哲学价值

(一)精神价值

人们只有具备健康的身体,并从事有意义且自己感兴趣的活动时,他的工作效率才有可能最高,意欲也才最强烈。相反,对于一个体格孱弱的人来讲,就很难达到工作的高效率,其意欲也无从产生。

所谓意欲,就是发生在一个人理智和行为之前,能左右个人情绪好坏的精神因素。同时,它又与一个人的道德是非观有关连,因为意欲的精神作用不仅仅是决定你该投入多大精力去完成某件工作,而且首先应判断出某件事情该不该去做。

进行跆拳道锻炼,既能通过对全身的运动,影响全身的各个器官,又能增强人的精力,刺激大脑,促使其强力开发和精神振奋,精力充沛。只有这样,展示在我们面前的才不单单是一个四肢发达,体格健壮的人而已,同时还是一个充满朝气,富有创造精神的人。

随着人类文明的发展,人们早已不以活着为满足,而是不断追求更多更强更广泛的需求,而这其中更多的则是精神方面的,为了达到这一目的,人们便要把感知和理性当做某项活动的综合体。跆拳道的锻炼正符合这种要求,因此也是提高精力、培养心理素质最有效的一种途径。同时，跆拳道还讲究在训练中致力于一种独特的古朴的心态，这种纯素正是依赖于精神上的宽宏大量的气度和个性上坚强的自信心。

另外，跆拳道也是人格形成的导引。人虽属于生物体，但是人的许多方面又离不开物理学的一切法则，所以，我们也可将人体一系列的成长、发育、思考过程看成是一种机械过程。而这种人体机械式，是一种可适应各种环境，并随时调整自身的形态，达到效率相应提高的复杂构造。

另一方面，人体又具有计算机都难以取代的高级神经系统，使得人在精神上的层面，有了思维、感觉、想象等心理活动，唯有此，精神开发才有可能。因此，我们认为人类的肉体和精神是一体两面，相辅相成，缺一不可。所以，一个人如果缺乏适当的身体训练，就不能达到和产生健全的思维。

通过跆拳道礼仪规范学习与精神的修炼，达到以礼待人，提高道德修养水平，具备平和心态与无畏精神，去面对生活的无奈与困惑，最终达到以拳载道，完善人格。

因此，在长期练习跆拳道的过程中，跆拳道所蕴含的深厚文化内涵也会在人的身上得到完美体现。跆拳道在强身健体的同时更讲究感化人的心灵，培养人的高尚情操和良好品德，不断使人超越平凡，追求卓越。

（二）哲学价值

跆拳道是把人类生存的本能意识，用肢体有力的动作表现出来的一种方式。同时，它更要求人们把精神的欲求具体化，因此又是一项高尚的竞技体育运动项目。跆拳道的所有动作，都是以自己的防卫本能作为基础，然后才逐渐地将其变为一种主观信念，从消极的防御动作发展到积极的进攻形态，最后，才能达到绝对自动化的行为阶段。

在跆拳道中，练习者首先要战胜的不是以对手，而是自己。因为在人的性格中有大胆与怯弱之别，在性情上有勤奋与懒散之分，而无论前者还是后者，在训练中都要克服给自身肉体带来的疼痛、疲劳，甚至伤病的痛苦，只有具备坚韧和坚忍的精神，才有可能不断克服自身的软弱，达到新的境界。而在与对手的竞争中，跆拳道战术中的进攻与防守，力量施予的沉重与轻巧，形式变化的主动与被动等方面，无不包含着矛盾的对立与统一。

在处理这些瞬息万变的竞争矛盾中，经验固然重要，而理智思维和敏捷的反应更能化被动为主动。这也是跆拳道中注重使自己的心态达到无瑕的哲理，即心里虽有我而忘我而无我。这就是跆拳道的哲学价值所在。

第二节　跆拳道运动的几个赛事

一、跆拳道运动的主要赛事

由于跆拳道最早起源于朝鲜半岛，而韩国是现代跆拳道运动发展最早和水平最高的国家，因此韩国队在历届世界跆拳道锦标赛中一直是最大赢家。中国台北队是世界跆拳道界的一支实力强劲的队伍，早在第3届跆拳道世锦赛上就获得了金牌，而在2004年雅典奥运会上，陈诗欣和朱木炎两名选手在跆拳道项目上的夺金，使得中国台北实现了奥运金牌零的突破。中国大陆的跆拳道项目开展较晚，1992年成立中国跆拳道筹备小组，1995年才开始举办全国锦标赛。但我国跆拳道事业发展速度很快，特别是在女子项目上成绩突出。1999年王朔为中国队获得了第一个跆拳道世锦赛冠军，而名将陈中更是在悉尼和雅典奥运会上连续两度夺金。2007年，第18届世界跆拳道锦标赛在北京举办，这是我国首次承办这一赛事。

（一）跆拳道运动的主要国际赛事

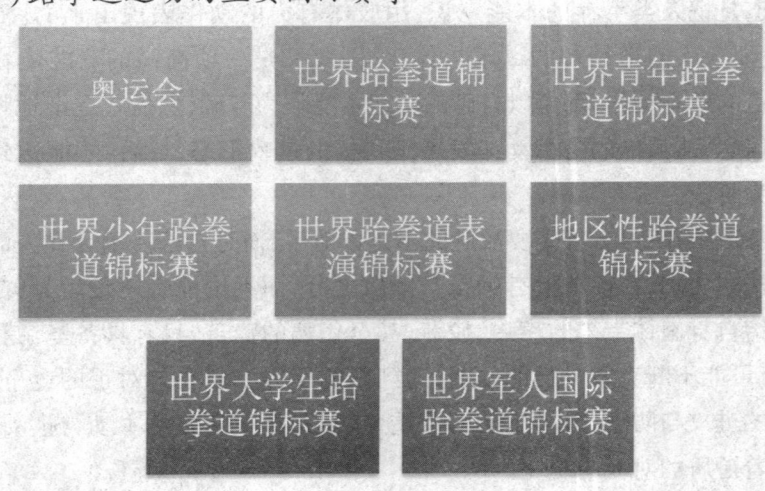

图4-1

（二）跆拳道运动的主要国内赛事

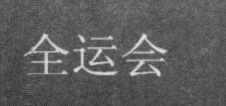

图 4-2

二、奥运会跆拳道项目

跆拳道是一种融合了中国武术、日本空手道及古代韩国武术的一种徒手攻防搏击术，源于 1500 年前朝鲜民间的传统武术。跆拳道中的"跆"是指脚的腾跃踢蹬动作，"拳"是指用拳、掌、肘等上肢动作来进行推挡、劈打，"道"是指方法技艺和道理。简言之，跆拳道是一项以脚为主、以拳为辅的拳打脚踢竞技运动。由于跆拳道主要讲究腿上功夫，所以跆拳道有"腿击术王中王"的美称。

（一）跆拳道奥运之路

1973 年 5 月世界跆拳道联合会（The World Taekwondo Federation 简称 W.T.F）在汉城（首尔）成立，金云成当选为主席，当时即有世界各大洲的 20 多个国家加入这一组织。

1975 年世界跆拳道联合会被接纳为国际体育单项联合会的会员。

1980 年国际奥委会正式承认了世界跆拳道联合会。

1986 年跆拳道创始人崔泓熙先生率领的韩国跆拳道代表团来我国作访问表演。并于本年，该项运动被列为第 10 届亚运会的比赛项目。

1987 年跆拳道被列入泛美运动会、全非运动会以及东亚运动会的正式比赛项目。

1988 年 24 届奥运会在韩国汉城拉开帷幕，主办国经不懈努力，使跆拳道被列为 24 届、25 届和 26 届奥运会的表演项目。为跆拳道的迅速发展提供了最大的机会与动力。

1994 年在法国巴黎召开的国际奥委会第 103 届会议决议，跆拳道项目列入 2000 年奥运会正式比赛项目。同样，跆拳道也是世界大学生运动会、友好运动会、东南亚运动会、南美运动会、南太平洋运动会、世界军人运动会等一系列国际体育赛会的正式比赛项目。

(二) 2000,2004,2008 年奥运会跆拳道项目比赛部分成绩

女子 -49	女子 49-57	女子 57-67	女子 +67	男子 -58	男子 58-68	男子 68-80	男子 +80
澳大利亚	韩国	韩国	中国	希腊	美国	古巴	韩国
劳伦·伯恩斯	郑在恩	李仙熙	陈中	穆鲁索斯	斯蒂文·洛佩斯	马托斯	金景勋

图4-3　2000年悉尼奥运会

女子 -49	女子 49-57	女子 57-67	女子 +67	男子 -58	男子 58-68	男子 68-80	男子 +80
中国台北	韩国	中国	中国	中国台北	伊朗	美国	韩国
陈诗欣	张枝媛	罗微	陈中	朱木炎	波尼克哈尔	洛佩兹	文大成

图4-4　2000年悉尼奥运会

第四章 跆拳道运动综合知识

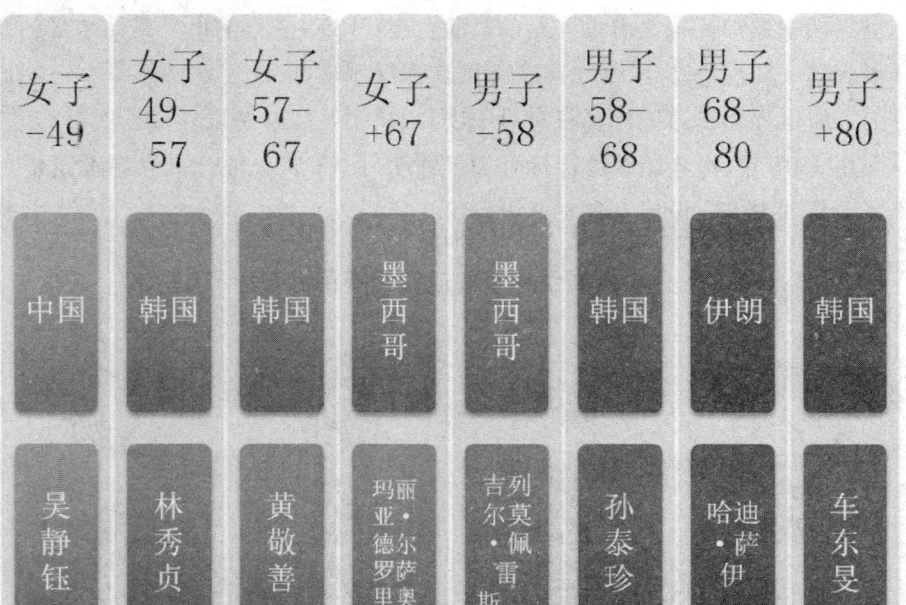

图4-5 2008年北京奥运会

三、世界跆拳道锦标赛

图4-6

跆拳道

世界跆拳道锦标赛是由世界跆拳道联合会（WTF）主办的世界最高水平的跆拳道赛事。第一届世锦赛于1973年在韩国首都汉城举办，此后每两年举办一届世锦赛。前7届世界跆拳道锦标赛只有男子项目，从第8届开始设立女子项目。

截止2007年，世界跆拳道锦标赛总共举办了18届。现行世界跆拳道锦标赛的比赛项目共16项，设男女各8个级别。

历届世界跆拳道锦标赛简介

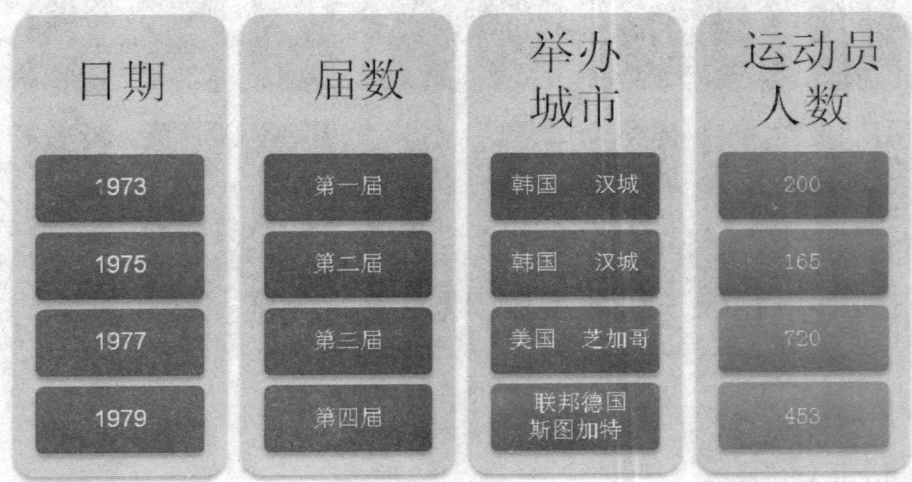

日期	届数	举办城市	运动员人数
1973	第一届	韩国 汉城	200
1975	第二届	韩国 汉城	165
1977	第三届	美国 芝加哥	720
1979	第四届	联邦德国 斯图加特	453

图4-7

第四章 跆拳道运动综合知识

日期	届数	举办城市	运动员人数
1981	第五届	厄瓜多尔 瓜亚基尔	229
1983	第六届	丹麦 哥本哈根	340
1985	第七届	韩国 汉城	280
1987	第八届	西班牙 巴塞罗那	434
1989	第九届	韩国 汉城	446
1991	第十届	希腊 雅典	434
1993	第十一届	美国 纽约	663
1995	第十二届	菲律宾 马尼拉	598
1997	第十三届	中国 香港	710
1999	第十四届	加拿大	550
2001	第十五届	韩国 济州岛	643
2003	第十六届	德国 巴伐利亚	2894
2005	第十七届	西班牙 马德里	748
2007	第十八届	中国 北京	1600余
2009	第十九届	俄罗斯 圣彼得堡	暂无

图 4-8

第三节 著名跆拳道运动员介绍

一、著名跆拳道运动员

(一) 国外著名跆拳道运动员介绍

图 4-9

姓名：斯蒂文·洛佩兹 Steven Lopez
国籍：美国　性别：男
生日：1978年11月9日　身高：1.85米
体重：68公斤　项目：跆拳道

斯蒂文·洛佩兹是美国最优秀的男子跆拳道选手，在悉尼奥运会和雅典奥运会上连续两次夺得金牌。他也是美国跆拳道洛佩兹家族中的领军人物，弟弟马克·洛佩兹、妹妹戴安娜·洛佩兹都是世锦赛冠军。三人组成了美国奥运会历史上自1904年以来第一个在一届奥运会上有三人参加同一大项比赛的家族。而在2005年，三兄妹均问鼎了跆拳道世锦赛各自项目冠军后，又成为历史上仅有的在同一届世锦赛上有三人获得冠军的家族。

2007年世锦赛78公斤级冠军；
2005年世锦赛72公斤级冠军；
2004年奥运会-68公斤级金牌；
2003年世锦赛72公斤级冠军，泛美锦标赛62公斤级冠军；
2002年世界杯72公斤级第3名；
2001年世锦赛72公斤级冠军；
2000年世锦赛68公斤级冠军；
1999年泛美运动会67公斤级冠军，泛美锦标赛68公斤级冠军。

第四章 跆拳道运动综合知识

姓名:文大成(MoonDae-sung)
国籍:韩国
性别:男
生日:1979年7月16日
身高:187厘米
体重:85公斤
项目:跆拳道

文大成是韩国最优秀的男子跆拳道选手之一,他在男子84公斤以上级具有超强的实力,在2004年希腊雅典奥运会上文大成在跆拳道80公斤以上级与希腊选手尼古拉迪斯的决赛中,以华丽的跳后摆击中尼古拉迪斯的头部,使其丧失战斗能力而倒地,以KO的方式获得冠军。2008年4月27日,北京奥运圣火传递活动在韩国首尔举行,文大成作为奥运火炬手手持火炬传递。

图4-10

1999年:世界跆拳道锦标赛84公斤以上级冠军。

2000年:亚洲跆拳道锦标赛84公斤以上级冠军。

2002年:釜山亚运会冠军。

2003年:奥运会资格赛80公斤以上级冠军。

2008年4月27日,北京奥运圣火传递活动在韩国首尔举行,文大成作为奥运火炬手手持火炬传递。

2008年8月21日,以3220的高票当选为国际奥委会(IOC)运动员委员会委员。

李仙熙(Sun-HeeLee)

国籍:韩国

性别:女

生日:1972年8月3日

项目:跆拳道

为了在2000年悉尼奥运会韩国跆拳道代表队选拔赛中出线,1996年世界跆拳道青年锦标赛冠军李仙熙需要与两届世界冠军赵香美对阵,争夺一个出赛资格,最终李仙熙击败了自己的师姐,拿到前往悉尼的飞机票。在悉尼的赛场上,李仙熙先以5∶1击败了芬兰的考斯基能,然后在半决赛中以4∶1击败了荷兰的米莉亚。在决赛第一轮中,李仙熙的对手,挪威运动员特鲁德一脚踢到她的咽喉,比赛被迫暂时中断,尽管遭遇

图4-11

到这个意外,李仙熙仍然在每局比赛中都得两分,并以6∶3的总比分击败对手,夺取金牌。谈到获奖感言时,李仙熙说,"比赛中,不是最强者获得冠军,只有击败最强者才能得到冠军"。

参加奥运会时间:

1992年西班牙巴塞罗纳夏季奥运会;

2000年澳大利亚悉尼夏季奥运会。

奥运会成绩及其他成绩:

金牌1枚;

2003年跆拳道世锦赛金牌。

（二）国内著名跆拳道运动员介绍

图 4-12

姓名：陈中

性别：女

籍贯：河南焦作

生日：1982 年 11 月 22 日

身高：1.83 米

体重：70 公斤

就读大学：北京体育大学

项目：跆拳道

奥运报名项目：+67 公斤级

陈中学习跆拳道前在焦作市篮球业余体校打了四年篮球，1995 年开始练习跆拳道，1997 年入选国家集训队。2000 年从北体竞技体校毕业，进入北京体育大学运动系。几年来，她把全国锦标赛、亚锦赛和世锦赛的金牌都收入囊中。

2000 年 9 月 30 日，第 27 届悉尼奥运会女子 67 公斤以上级比赛。18 岁的陈中为中国赢得了第一枚也是世界跆拳道史上的第一枚奥运金牌，实现了中国跆拳道

"零"建立到"零"突破。跆拳道1994年被正式列为2000年奥运会比赛项目,中国在1995年才正式组建了跆拳道队,国外人士断言中国要获得这一项目的奥运金牌至少还要10年。而陈中的夺冠把这个进程整整缩短了5年。

陈中的特点是身体素质好、速度快、头脑灵活、打法简洁实用,是目前这个项目上世界最具实力的选手之一。

在北京奥运会跆拳道比赛中,英国队申诉成功,两届奥运会67公斤以上级冠军得主、中国选手陈中却无缘半决赛。

在陈中和史蒂文森的女子67公斤以上级1/4决赛中,两位经验丰富的选手在比赛中都颇为谨慎,直到最后时刻陈中仍以1∶0领先。就在胜局几乎已定的情况下,史蒂文森在终局前脚踢中陈中的头部,但四名边裁并没有给英国选手计分。根据规则,必须有四名裁判中的三名确认得分,才会被认定为得分有效。当时,主裁判也曾召集四名边裁就此进行了场上研究,但最终仍判定史蒂文森不得分,陈中获胜。

史蒂文森赛后认为自己那个动作是一个得分动作,但裁判没有判罚,她表示她只能接受这样的结果。

然而,在陈中将要参加的这场半决赛即将开始时,比赛仲裁委员会忽然发出通知,英国队在这场比赛后提出了申诉,经过仲裁认定,英国选手得分有效,仲裁改判这场比赛史蒂文森获胜。陈中也就此失去了晋级半决赛的资格。

中国队马上就此再次提出申诉,但在20多分钟以后,大会再次通知,维持仲裁结果不变,陈中彻底无缘自己的第三个奥运冠军,女子67公斤以上级半决赛继续进行。

但在此之后,史蒂文森负于对手,这使得陈中失去了参加复活赛的资格,最终无缘奖牌。

这是奥运会跆拳道项目有史以来,第一次更改比赛结果。

陈中主要成绩一览:

1996－2004,2007－2008 全国锦标赛冠军;

1999年世界军人运动会女子67公斤以上级冠军;

2000年亚锦赛女子67公斤以上级冠军,奥运会女子67公斤以上级冠军;

2001年九运会女子67公斤以上级冠军,世界杯女子72公斤级冠军,世锦赛女子72公斤级亚军;

第四章　跆拳道运动综合知识

2002年亚锦赛女子72公斤级冠军,亚运会72公斤级亚军;
2003年世锦赛72公斤级第三名;
2004年雅典奥运会67公斤以上级冠军;
2006年多哈亚运会67公斤以上级冠军;
2007年世锦赛67公斤以上级冠军;
2008年亚锦赛女子72公斤级冠军。

图4-13

姓名:罗微
籍贯:北京
性别:女　生日:1983年5月23日
身高:1.80米
体重:70公斤
项目:跆拳道
级别:-67公斤级

在2003年第九届世界跆拳道锦标赛上,罗微夺取了72公斤级世界冠军,成为第一位夺取跆拳道世界冠军的北京人。在世界女子跆拳道雅典奥运会选拔赛中,她为中国夺取了67公斤级雅典奥运会入场券。获得2004年雅典奥运会的冠军。

运动经历:
1999年2月6日进入北京什刹海体校,教练姚强。
1999年,进入北京队,教练姚强。
2002年1月14日进入国家队,教练陈立人。
2008年北京奥运会上,成为陈中的替补。

罗微主要成绩一览:
2000年全国跆拳道冠军赛67公斤级亚军;
2002年全国跆拳道锦标赛72公斤级冠军;
2002年釜山亚运会67公斤级第三名;
2003年第16届世界跆拳道锦标赛72公斤级冠军;
2004年全国跆拳道锦标赛72公斤级冠军;

2004年奥运会跆拳道67公斤级金牌；

2006年多哈亚运会跆拳道女子72公斤级冠军；

2007年跆拳道世锦赛，罗微由于腿伤半决赛中不敌韩国选手李仁钟无缘决赛。仅获第3名；

2008年全国跆拳道锦标赛因伤退出决赛，仅获第二名；

2008年亚洲跆拳道锦标赛72公斤第3名。

姓名：朱木炎（ChuMuYen）

性别：男

地区：中国台北

生日：1982年3月14日

身高：1.73米

血型：O型

体重：59公斤

项目：跆拳道

朱木炎看上去安静，文质彬彬，略显瘦削，很难想像他在场上的勇猛样子。正在攻读硕士学位的朱木炎在台湾享有"台湾李小龙"的美称。

图4-14

朱木炎是台湾桃园县人，他的教练邱共钲，在跆拳道界被封为"台湾战神"。2004年8月代表中国台北参加雅典奥运男子组第一量级（58公斤级）比赛，一路过关斩将，并在决赛中以6∶1击败墨西哥队选手布兰柯，获奥运会的冠军，为中国台北队拿下参加奥运会以来的第二面金牌。

朱木炎主要成绩一览：

1998年，世界青少年锦标赛银牌；

2001年，越南世界杯金牌；

2002年，釜山亚洲运动会银牌；

2003年，韩国大邱世界大学生运动会金牌；

2003年，德国世界锦标赛金牌；

2004年，荷兰国际公开赛金牌；

2004年,雅典奥运金牌;
2007年,英国曼彻斯特北京奥运会资格赛金牌;
2008年,中国洛阳第18届亚洲跆拳道锦标赛金牌;
2008年,第29届北京奥运会跆拳道男子58公斤级铜牌。

二、跆拳道名人名言

跆拳道是行动哲学,跆拳道是正人之道、育人之道。
——近代跆拳道创始人之一、世界跆拳道联盟副总裁李仲佑

跆拳道的精神在于礼义廉耻、忍耐克己、百折不屈。
——国际跆拳道联盟主席崔泓熙

跆拳道目的在于健全精神、磨练意志,而不在于攻击和杀伤对方。
——世界跆拳道联盟总裁金云龙

跆拳道机动灵活,勇猛顽强。学习跆拳道能健身、防身、修身。
——前国家体委主任伍绍祖

"跆"是脚的意思,"拳"是手的意思。跆拳道是拳和脚的击打技术再加上"道"——人生宇宙运行之道和做人之道。
——国际跆拳道裁判、中国跆协副秘书长赵磊

跆拳道的礼仪蕴含着深厚的文化内涵和东方文明,对人起着潜移默化的教育作用,日久天长,就能规范人的日常行为。
——中国跆拳道队总教练陈立人

高水平的跆拳道训练,不仅是技术、体能的训练,更是思想、精神的修练。
——国家跆拳道队主教练卢秀栋

跆拳道重在对人的教育,尊重和纪律是跆拳道的核心。跆拳道教人懂得相互

尊重,学会遵守纪律,从而做对社会有用的人。

——美国跆拳道联盟主席李桑

练跆拳道就像获得新生,对生活充满信心。

——美国著明跆拳道教练艾琳.卡利甘

吸引西方人学习东方武艺跆拳道的主要原因,在于跆拳道特殊的教育价值。跆拳道首先教人做人、尊重、礼貌、守纪律,其次才是技术。因此,跆拳道是一种教育。

——中国台北跆拳道协会总会长、美国谭道良跆拳道学院院长谭道良

学习跆拳道,能培养孩子吃苦耐劳的品质,能锻炼他们的毅力,能增加孩子的胆量。跆拳道还注重礼节、礼仪,学了跆拳道后,孩子们越来越懂礼貌了。

——北京中国少年儿童活动中心跆拳道教练李中明

第四节 跆拳道运动的不同流派

一、ITF 与 WTF

现时跆拳道在全世界的组织主要分为两个体系,分别为:国际跆拳道联盟(International Taekwondo Federation,简称"ITF")体系及世界跆拳道联盟(World Taekwondo Federation,简称"WTF")体系。ITF 体系成立的时间比较早,而 WTF 体系成立时间则比较晚。而现时奥运会采用的是 WTF 体系。

(一)何为 ITF 和 WTF

跆拳道在远古时代就已经产生,起源于朝鲜,当时为了生存,防卫和肉搏战争的需要,产生的一切技术均围绕着实战搏斗,动作古朴实用,除了各种踢法、拳技以外,还有手刀、擒拿、摔锁等形式,在对敌搏斗中往往收到"一招制敌"的效果,只戴拳套一副无其他护具。现在人们称其为"自由搏击跆拳道",就是"防卫跆拳道","传统跆拳道",即国际跆拳道联合会所倡导和推广的跆拳道。

而国际跆拳道联盟 INTERNATIONAL TAEKWONDO FEDERATION 简称就为 ITF。

跆拳道发展至今,已演变成一种风靡全球的集竞技、防卫、体育为一体的比赛项目。竞赛规则不许用手攻击头部,禁用肘法、膝法、摔法、擒拿、严禁攻击下身和后脑,这看似限制了部分技术动作的发挥,却对跆拳道的发展产生了巨大的作用。

新规则产生的跆拳道,首先考虑了运动员的安全,因为比赛是为了发展运动员而不是伤残运动员,这样也更进一步突出了跆拳道善用腿击,凶猛凌厉,变化多端,潇洒实用的特色,使比赛既紧张激烈又扣人心弦,集竞技性、使用性、欣赏性为一体,既符合奥运会的要求,又相对比较安全,深受世界各国体育爱好者的欢迎,成为"奥林匹克跆拳道","竞技跆拳道","现代跆拳道",即世界跆拳道联盟所推广的跆拳道,也就是现在奥运会的跆拳道项目,穿护具不戴拳套。

而世界跆拳道联盟 WORLD TAEKWONDO FEDERATION 简称就为 WTF。

而我们区分 WTF 和 ITF 的最明显一点就是比赛装备的不同。在 ITF 比赛中,运动员不穿其他护具,只戴拳套。而在 WTF 比赛中,运动员则穿护具,不戴拳套。

(二)ITF 三大组织

1955 年,跆拳道的领导人终于将朝鲜的自卫术统称为跆拳道。跆(TA),意指用脚踢踹;拳(KWON),意指用拳击打;道(DO),即指使用手脚的方法,也指修行。1961 年 9 月韩国成立了唐手道协会,后更名为跆拳道协会,并成为全国运动会正式竞赛项目。1966 年 3 月 22 日跆拳道始创人崔泓熙将军创立了第一个国际组织——国际跆拳道联盟(朝鲜 ITF),当时有 9 个国家加入。1972 年,ITF 因多种原因,迁移到加拿大的多伦多。

然而,崔泓熙将军于 2002 年逝世后,ITF 迅即分裂为三大组织,分别由崔泓熙将军亲子崔重华师圣、国际奥委会资深委员张雄及奥地利维也纳国际跆拳道联盟主席 Master Tran TrieuQuan 所主持。

ITF(国际跆拳道联盟)的三个组织,各个组织都主张自己是 ITF 的合法代表,以下是对三个组织的定义:

1. 第一个组织是由张雄先生为总裁的原始 ITF,这个组织有 100 多个成员国家组成,崔鸿熙将军在任时的 80% 以上执行委员会会员在现任委员会中任职,张雄先生是崔鸿熙指订的 ITF 总裁接班人。

2. 第二个组织是由三个前执行委员会会员组建的,由 Tran Trieu Quan 师圣为主席。

3. 第三个组织是由崔鸿熙将军的儿子崔中华师圣组建的,崔鸿熙将军和ITF大会在2002年1月开除了崔中华师圣,部分跟随崔中华师圣的ITF成员已经又重新加入了张雄总裁那一派。

(三)WTF世界跆拳道联盟的发展

1973年5月,世界跆拳道联盟(The World Taekwondo Federation简称W.T.F)在汉城(现在韩国首尔)成立,金云成当选为主席,当时即有美国、香港、中国、日本、马来西亚、加拿大、朝鲜、菲律宾、柬埔寨、澳大利亚、科特迪瓦、乌干达、英国、新西兰、加拿大、埃及、奥地利、墨西哥等世界各大洲的20多个国家和地区加入,目前会员仍在不断增加。

1975年"世界跆拳道联盟"(简称世界跆联,韩国WTF)被国际体育联合会接纳为正式会员。1980年国际奥会正式承认世界跆联。迄今为止,世界跆联已有144个会员国,6500多万爱好者参加练习。

1988年,跆拳道在韩国首尔奥运会首次亮相后,为了适应国际重大比赛,跆拳道的技术在不断地变革和发展。世界跆拳道联盟的总部中有一特别技术委员会,其主要任务就是改进现今的跆拳道技术。当然,今日的跆拳道动作似乎不像以前那样圆滑流畅,也不似以前那样重视运动中身体的平衡。然而对当今跆拳道技术的检验并不在它的外观,而是在于实战之中。具体地说,就是在实战对抗中或在大街上遭受袭击被迫自卫的情形下,新型跆拳道的技术无疑要比拘于形式的老技术更胜一筹。

1996年亚特兰大奥运会完结之后,当时WTF的总裁金云龙成为了国际奥委会(IOC)的副会长,随即宣布跆拳道将会在下一届(即2000年的悉尼奥运会)成为正式的比赛项目,事后又被发现悉尼奥运会时裁判有不公平裁决。到了2008年跆拳道发生选手怒击裁判事件,选手投诉裁判不公令韩国代表全数夺金,跆拳道是否值得成为奥运项目又再被讨论起来。

WTF(世界跆拳道联盟)分为九大派别:

图 4-15

二、各国跆拳道选手技战术特点分析

各国选手因为跆拳道教练员对战术理解的不同,在比赛中体现的战术打法也各有千秋,根据世界跆拳道锦标赛各国选手与我国全国比赛选手的战术特点,大致可分以下三种类型:

(一)反击型

以韩国为代表的起步较早的国家和地区,如中华台北、美国、加拿大、菲律宾、伊朗等属于技术型打法。这些国家和地区开展跆拳道运动至少在 20 年以上。运动员在比赛中动作稳健,腿法多变,心理稳定,技术相当成熟。在交战中,防守几乎没有破绽,进攻则快速灵活,有迅雷不及掩耳之势,对手往往在不知不觉中失分败北。

(二)进攻型

就是"硬对硬"的打法。以欧洲一些国家如西班牙、瑞典、英国、芬兰、墨西哥等国家为代表的打法。这些国家的主要特点是运动员的身体条件优越,腿长、肌肉爆发力好。运动员在比赛中常常攻势咄咄逼人,采取"以卵击石"的进攻方式,以力量取胜。

（三）调动型

以土耳其为代表的打法。运动员在比赛中主动进攻,作风顽强。技术风格自成一体,又很难看出是技术好还是力量好,动作非常实用。运动员的训练水平高,往往能做出类似"功夫"电影中一样高难的技术动作。土耳其并没有聘请韩国的教练,而是通过自己的努力,使得跆拳道技术名列世界前列之水平。正因为没有照搬韩国的现成经验,勇于创新,才产生了"奇招"、"绝招",使跆拳道运动不断发展。

第五节　如何欣赏跆拳道比赛

一、跆拳道的观赛礼仪

跆拳道有较为规范的礼仪要求。运动员入场时,要向裁判员、教练员和对手敬礼,有时运动员还会给观众敬礼,此时观众应给予掌声回应。观看跆拳道比赛时禁止吸烟,手机要关机或设置在振动、静音状态。严禁向场内投掷杂物,不能发出嘘声和吹口哨。

跆拳道主要以腿法为主,强调动作击打有力度和准确。双方攻防转换速度很快,因此,跆拳道比赛时,场上场下喊声不断,看到漂亮的击打,无论是否得分,观众都可以大声喝彩。

二、如何观赏跆拳道比赛

在技击性体育项目中,跆拳道是最能体现技术的一个。跆拳道的选手看上去都很轻灵、充满智慧,比赛时间不长但充满了对抗。那么,如何更好地欣赏跆拳道的比赛呢?

首先,我们要简要地了解一下跆拳道比赛的规则。同武术、柔道一样,作为东方人发明的一项运动,跆拳道非常重视礼节。选手进入道场、面对国旗、课前、面对教练、比赛前后等等时候,都要行礼。也许大家都听说过所谓的"跆拳道精神",跆拳道精神是指礼仪、廉耻、忍耐、克己、百折不屈。

跆拳道比赛包括两方——"Chung"(蓝)和"Hong"(红),双方以脚踢打对手的头和身体或用拳击打对方的身体而得分。比赛分三个回合,每回合三分钟,两回合之间休息1分钟。选手可通过下述方法获胜:将对方击出场外,得分最高,使对手被罚分达到3分,或对手被剥夺比赛资格。比赛开始前,裁判分别发出"cha-ryeot"和"kyeong-rye"指令后,双方立正并相互鞠躬,然后裁判喊"Shi-jak"!宣布比赛开始。每个合理的攻击将得分,所谓合理的得分是指:击打对手的得分部位,除了头外,得分部位包括腹部及身体两侧,这三个部位标于对手的护具上;用规则允许的身体部位击打对手,须用正确紧握的拳头的食指和中指的前部或脚踝关节以下的部位击打对方。跆拳道技术包括基本动作、套路、对打、防身术等,技法包括手技、脚技、步法等。

同围棋类似的是,跆拳道也分"段位"。黑带是跆拳道高手的象征,是实力的体现,更是一种荣誉和责任。黑带段位分一段至九段。一段至三段是黑带新手的段位,四段至六段是高水平的段位,七段至九段只能授予具有很高学识造诣和对跆拳道的发展作出重大贡献的杰出人物。

观看跆拳道比赛对观众没有什么特别的要求,但是需要提醒的是一定要尊重裁判,因为跆拳道比赛受裁判的影响很大,如果总是嘘裁判、骂裁判,会很不利于比赛的正常进行以及运动员的正常发挥。

三、跆拳道比赛的欣赏内容

许多场合下,许多人都会问:"我们看跆拳道比赛到底是看什么呢?"有人会回答:"我们看跆拳道的美"。然而能真正体会其中之义,引起共鸣的却不多。一些人会用疑惑的眼神说:"有吗?"但是这一切都不重要,我们能做的就是在不同的地点,不同的时间,面对不同的人,用不同的方式,反复不断地去表达出这样一种观念,目的不是非要说服谁,而是只想通过这样的交流让大家对跆拳道有一些不一样的、更深入的了解和热爱。这种认识,这种理念的形成就是一种对跆拳道美的追求。因为,世界无处不存在着美,世间的一切都会让你美不胜收。只要你能发现,你能体会,你能感知,你能分享,你能学无止境!

(一)冥想之美

席地而坐,微闭双眼,放松身心,耳边音乐响起,山风吹过,鸟鸣啾啾,只听到自己的心跳和鼻翼中气流进出的声音,身体肌肤的每一个毛孔都在呼吸之间尽情地吐故纳新,整个身体可以是自己的,也不是自己的,放弃一切,洗涤超越内心的得失、荣辱、喜怒、哀乐、名利、病痛、生死,还一个纯粹的,一个干净的,一个哪怕只是一秒钟或是一分钟真实的自己。学会用心灵和世间生灵万物交流,学会自己和自己交流,学会对自然对生命的敬畏,体会对国家对家庭对子女的责任,思考对父母,对亲朋好友,对教练师长们的感恩……

　　(二)力量之美

　　不论我们看过多少次跆拳道的威力、特技表演,也无论是重复地看过多少次跆拳道的威力、特技表演。相信每当看到运动员呐喊着用力赤手空拳、赤足腾跃击破木板、砖块、冰块时,我们都会热血沸腾,每当运动员击破木板、砖块的厚度由一厘米、二厘米或七块、十块不断向上增加时,我们的心也会随之越来越悬起来……

　　这,就是我们人类生命力在现代社会的展现!是我们人类挑战自身生命局限的展现!是我们人类力量美的展现!

　　(三)搏击之美。

　　从跆拳道的竞赛规则中我们可以看到一种对奥运体育精神"更高、更快、更强"这样一种美的追求。

　　使用高难度技术攻击有效部位、脚攻击对方头部、使用新技术、得分高;不允许抱住对手攻击的腿,缠抱在一起不得超过几秒,双方队员几秒之内没有主动进攻,比赛消极将受罚,越出了比赛场地要被处罚。

　　我们再看看赛场上的双方运动员,进退之间,攻防之中无不体现出了一种刚柔相济,强弱转化,虚实阴阳交替的力道智慧之争。美在于逢强而不示弱,美在于遇弱而不逞强,美在于要争、敢争、智争、巧争,美在于公平、公正、公开、止争,而获胜。美更在于胜不骄,败不馁,期待下一次,因为世间没有永远的冠军!

　　(四)速度之美

　　如果说作为一个跆拳道运动员在训练中没有听过教练对训练动作要求快速完成,或是因为技术动作过慢没有被教练罚过,那就是天下第一大怪事了。

　　因为,我们在读书做学生时就一天到晚都会听到老师和父母在耳边随时不停地唠叨:"作业要做快一点,动作快一点,吃饭快一点、早上起床要快一点……"可能你还会说:"我没怎么快,不是也长大了吗?好像也没遇到什么大问题嘛?"

　　可你要是踏进了跆拳道训练场,踏进了一个正规专业的跆拳道训练场,站到了跆拳道的赛场上,你就会为自己的无知而付出泪水、汗水和疼痛了,因为只要你想到要攻击对方的同时,你已经被对方击倒。你还没想到时,对方的攻击可能已经到了,原因就是一个:他比你快!他的动作快到你没有反应,你来不及反应。所以受伤的总是你,输的苦果属于你。

快,是竞技体育比赛的核心。是跆拳道的一个表现形式。是现代城市的一种生活方式。是先人一步,走在前。是效率社会的特征。是延长人类有效生命体生命的最好方法。代表了一种积极、进取、发展、向上、主动的状态和精神。又好又快的发展,就是和谐,就是美。

（五）绘画之美

从绘画美的角度来说,世间有形万物的表现无非就是点、线、面。

跆拳道有绘画美吗？答案是肯定的,有。而且是不甚枚举。美得无与伦比,美得感天动地。

人是万物之灵。人体之线条美也是被世人所共识。加之跆拳道这一运动项目所特有的表现形式将人体之美展示于人们的面前,其美不言而喻。

一拳一腿的点画之美,快速连续进攻的迅猛大气之美,对抗双方转承起合的变化之美,整齐划一团体架型表演的撼山气势之美,威力、特技表演时扣人心弦的悬疑精巧之美,韵律跆拳操的柔中带刚之美,女学员的巾帼飒爽之美,跆拳道专题摄影作品之中的瞬间光影呈像之美,无不让人感到是在欣赏一幅幅以人文为主题,通过人体自身表现人类生存意识,道德精神存在的动态画卷,又恰是聆听一曲曲风格各异的美妙乐曲,这一种音乐美也暗藏其间。

当然,跆拳道中的美还有很多,音乐之美、礼仪之美、协调之美……挖掘更多的美,我们就可以更好地融入到跆拳道运动中去。

第六节 跆拳道运动级别分类与段位

一、体重级别

跆拳道比赛体重分为男、女级别。

体重分级方法

（一）成年组：

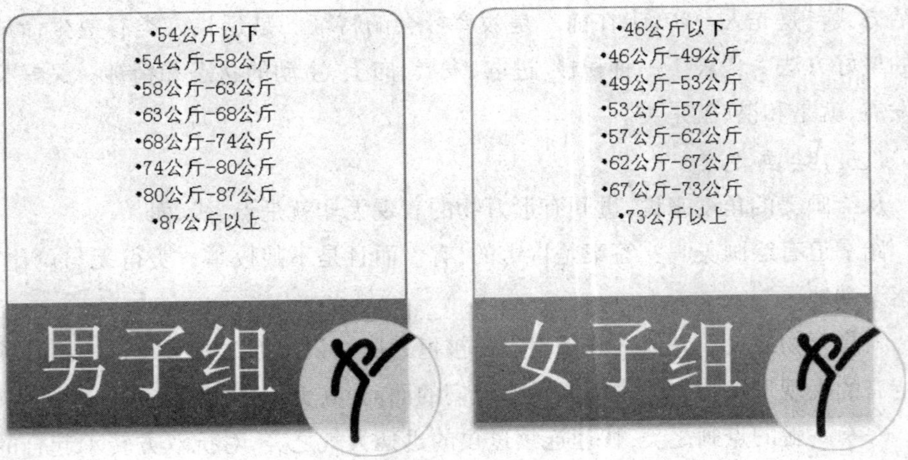

男子组
- 54公斤以下
- 54公斤-58公斤
- 58公斤-63公斤
- 63公斤-68公斤
- 68公斤-74公斤
- 74公斤-80公斤
- 80公斤-87公斤
- 87公斤以上

女子组
- 46公斤以下
- 46公斤-49公斤
- 49公斤-53公斤
- 53公斤-57公斤
- 57公斤-62公斤
- 62公斤-67公斤
- 67公斤-73公斤
- 73公斤以上

图 4-16

（二）奥运会、全运会：

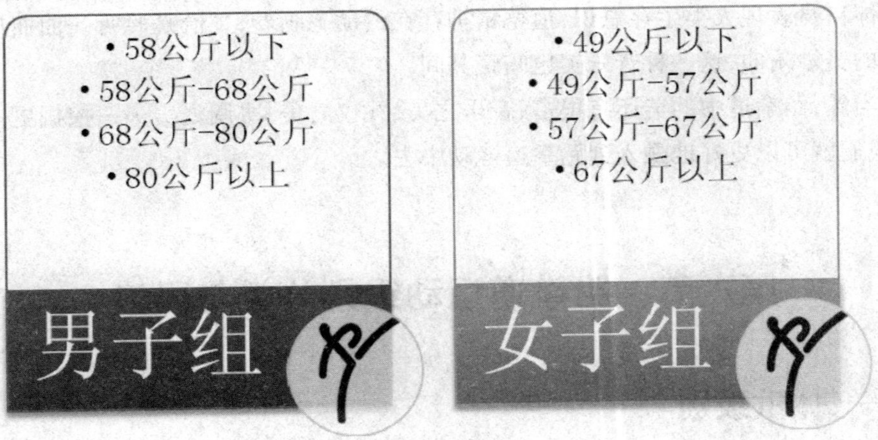

男子组
- 58公斤以下
- 58公斤-68公斤
- 68公斤-80公斤
- 80公斤以上

女子组
- 49公斤以下
- 49公斤-57公斤
- 57公斤-67公斤
- 67公斤以上

图 4-17

第四章 跆拳道运动综合知识

（三）青年奥运会：

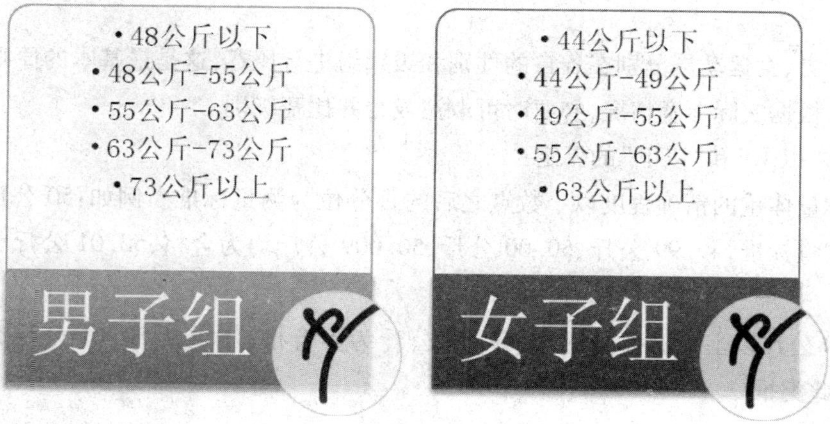

男子组
- 48公斤以下
- 48公斤-55公斤
- 55公斤-63公斤
- 63公斤-73公斤
- 73公斤以上

女子组
- 44公斤以下
- 44公斤-49公斤
- 49公斤-55公斤
- 55公斤-63公斤
- 63公斤以上

图 4-18

（四）世界青年锦标赛、全国青年锦标赛：

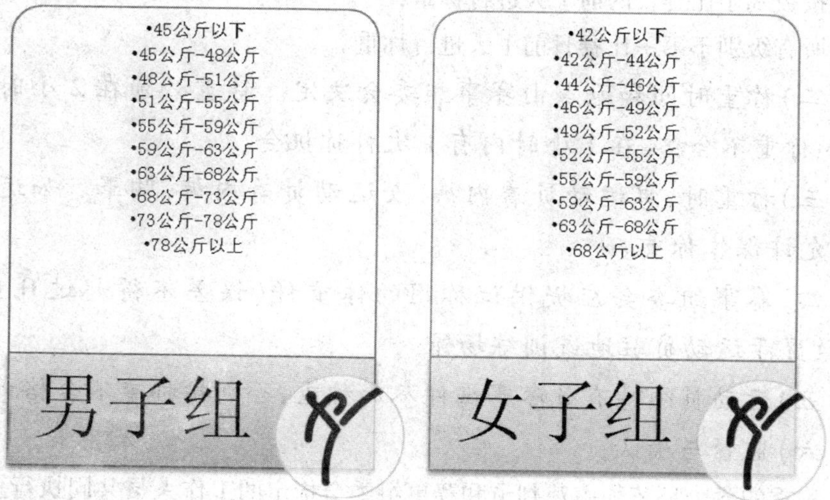

男子组
- 45公斤以下
- 45公斤-48公斤
- 48公斤-51公斤
- 51公斤-55公斤
- 55公斤-59公斤
- 59公斤-63公斤
- 63公斤-68公斤
- 68公斤-73公斤
- 73公斤-78公斤
- 78公斤以上

女子组
- 42公斤以下
- 42公斤-44公斤
- 44公斤-46公斤
- 46公斤-49公斤
- 49公斤-52公斤
- 52公斤-55公斤
- 55公斤-59公斤
- 59公斤-63公斤
- 63公斤-68公斤
- 68公斤以上

图 4-19

1. 青少年比赛的级别设置，在保证安全的基础上，可根据实际情况进行调整，并由赛事组委会报请上级部门认可。

2. 跆拳道竞赛是运动员通过直接身体接触、身体对抗决定胜负的项目。为了

保护运动员的安全,同时使运动员在公平竞争的条件下使用技术,设置了体重分级体系;

3. 男、女运动员分别在各自的性别和级别组进行比赛,这是最基本的原则;

4. 根据实际参赛情况,必要时可取消或合并比赛级别。

5. "以上"和"以下"的界定:

称量体重的精确程度以小数点之后的百分位为测量标准。例如:50公斤以下级的称量标准,49.99公斤、50.00公斤、50.009公斤均为合格,50.01公斤为不合格。

50公斤以上级的称量标准,49.99公斤为不合格,体重从50.01公斤起为合格,以此类推。

二、跆拳道比赛的称重

(一)称重方式:

1. 按级别于比赛日的前1天进行称重;

2. 所有级别于第一比赛日前1天进行称重。

(二)称重时间和地点由赛事组委会决定。称重必须在2小时内完成。如称重不合格,在1小时内有1次补称机会。

(三)称重时,男运动员着内裤,女运动员着内裤、胸罩。如运动员要求,允许裸体称重。

(四)赛事组委会应提供试称用的体重秤(误差不得超过0.01公斤),放置于运动员驻地或训练场馆。

(五)运动员须持有效参赛证件参加称重,否则按称重不合格计。

(六)监督与确认:

1. 称重的各个环节须由裁判员和赛事组委会指定的工作人员共同执行。如有必要,可由参赛队代表进行监督;

2. 称重结果须经技术代表或有关技术官员签字确认,确认后不得更改。

三、段位

白带(10级)—必修:基本动作或太极一章

白黄带(9级)—必修:太极一章(因这级别是给予一些学习时间较久而不能升上黄带之学员,例如年龄比较小的小朋友,因为动作还没能规范等原因升不上的,可授予此级别,但一般现在的道馆已经把这级别取消了)

黄带(8级)—必修:太极二章

黄绿带(7级)—必修:太极三章

绿带(6级)—必修:太极四章

绿蓝带(5级)—必修:太极五章

蓝带(4级)—必修:太极六章

蓝红带(3级)—必修:太极七章

红带(2级)—必修:太极八章

红黑带(1级)—必修:太极一至八章

黑带(1段/1品)—必修:高丽升级年资:1年,年龄:15岁或以上,以下者为1品

黑带(2段/2品)—必修:金刚升级年资:2年,年龄:16岁或以上,以下者为2品

黑带(3段/3品)—必修:太白升级年资:3年,年龄:18岁或以上,以下者为3品

黑带(4段/4品)—必修:平原升级年资:4年,年龄:21岁或以上,以下者为4品

黑带(5段)—必修:地跆升级年资:5年,年龄:25岁或以上

黑带(6段)—必修:天拳升级年资:6年,年龄:30岁或以上

黑带(7段)—必修:汉水升级年资:7年,年龄:36岁或以上

黑带(8段)—必修:一如升级年资:8年,年龄:44岁或以上

黑带(9段)—由特别组织评核,对跆拳道有重大贡献者,年资9年,年龄:53岁或以上

黑带(10段)—最高段位,年龄:60岁或以上

腰带颜色的象征意义:

跆拳道

图4-20

白带：白带代表空白，练习者没有任何跆拳道知识和基础，一切从零开始。

黄带：黄带是大地的颜色，就象植物在泥土中生根发芽一样，在此阶段要打好基础，并学习大地厚德载物的精神。黄绿带：介于黄带与绿带之间的水平，练习者的技术在不断上升。

绿带：绿带是植物的颜色，代表练习者的跆拳道技术开始枝繁叶茂，跆拳道技术在不断完善。

绿蓝带：由绿带向蓝带的过渡带，练习者的水平处于绿带与蓝带之间。

蓝带：蓝带是天空的颜色，随着不断的训练，练习者的跆拳道技术逐渐成熟，就象大树一样向着天空生长，练习跆拳道已经完全入门。

蓝红带：练习者的水平比蓝带略高，比红带略低，介于蓝带与红带之间。

红带：红色是危险、警戒的颜色，练习者已经具备相当的攻击能力，对对手已构成威胁，要注意自我修养和控制。

红黑带：经过长时间系统的训练，练习者已修完1级以前的全部课程，开始由红带向黑带过渡。

黑带：黑带代表练习者经过长期艰苦的磨练，其技术动作与思想修为均已相当成熟。也象征跆拳道黑带不受黑暗与恐惧的影响。

黑带是跆拳道高手的象征，是实力的体现，更是一种荣誉和责任。

黑带段位分一段至九段。一段至三段是黑带新手的段位，四段至六段是高水平的段位,七段至九段只能授予具有很高学识造诣和对跆拳道的发展作出重大贡献的杰出人物。

黑带一段以上选手有资格参加国际比赛。四段以上称为"师范",五段以上称为"大师"。四段以上有资格申报国际教练、国际裁判,并有资格担任道馆馆长或总教练。

一段至三段的段位,由中国跆拳道协会或其注册认可的团体分会考核颁发。晋升四段至六段,须由世界跆联(国技院)或国际跆联(ITF)晋级委员会考核。晋升七段至九段,须由 WTF 或 ITF 特别委员委进行评审。

第五章
跆拳道运动竞赛组织与裁判工作

为了能让跆拳道运动有序健康的发展,使跆拳道比赛更有观赏性,科学的竞赛组织和完备合理的比赛规则就显得尤为重要。本章主要介绍跆拳道竞赛规则的几个要点,以帮助同学们学会怎样看懂跆拳道比赛,另外在互相切磋时也有规则做保障,以确保合理性和规范性。

第一节 跆拳道比赛的主要规则

跆拳道比赛时,双方运动员都要穿道服和护具,戴头盔,用脚或直拳击打对手的合法部位。即只能击打对手被护具包裹的锁骨以下、髋骨以上的躯干部位和头部(禁止用拳击打对手头部)。

一、行礼

比赛开始前,双方运动员互相敬礼以表示尊重。场上裁判发出"准备(Joon-bi)"和"开始(shi-jak)"后,比赛正式开始。

二、比赛服装和护具

1. 运动员穿着和佩戴的道服和护具必须由中国跆协指定或认可;
2. 运动员比赛时须佩戴护具,包括:护胸、头盔、护裆、护臂、护腿、护齿、手套等。其中护裆、护臂、护腿应戴在道服内;除了头盔,头部不得佩带其它物品。与宗教信仰相关的物品,应提前获得许可并佩带在头盔或道服内;
3. 教练员在赛场执教时,必须穿着规范的运动服、运动鞋。严禁穿着与比赛不相适应的衣着入场执教。

三、比赛时间

跆拳道比赛分为3局,每局2分钟,局间休息1分钟。蓝方和红方选手使用规则允许的技术动作努力击败对手。比赛结果根据双方运动员三局的得分总和来计算,得分多者为胜者。

比赛开始和结束:

1. 每场比赛开始前,主裁判员给出"青"(Chung),"红"(Hong)的口令,示意双方运动员左臂紧夹头盔进入比赛区;

2. 双方运动员相向站立,听到主裁判员发出"立正"(Cha-ryeot)和"敬礼"(Kyeong-rye)的口令时互相敬礼。敬礼时自然站立,腰部前屈不小于30度,头部前屈不小于45度。鞠躬完毕后,运动员戴上头盔;

3. 主裁判员发出"准备"(Joon-bi)和"开始"(Shi-jak)口令开始比赛;

4. 每局比赛由主裁判员发出"开始"(Shi-jak)口令即开始,主裁判员发出"停"(Keu-man)口令结束。即使主裁判员没有发出"停"(Keu-man)的口令,比赛仍将按照规定的时间结束;

5. 最后1局比赛结束后,运动员相向站在各自指定位置脱下头盔并用左臂夹紧。主裁判员发出"立正"(Cha-ryeot)、"敬礼"(Kyeong-rye)口令时相互敬礼,在主裁判员宣判比赛结果后退场。

四、加时赛

在一场比赛中,如果双方打满3局而出现平分的情况时,要进行加时赛。加时赛实行"突然死亡法",即先得到1分的一方获胜。比赛结束后,运动员在比赛区域内相对而站,听到裁判员的口令后互相行礼,等候裁判员的判定。裁判员举起哪一侧的手臂,就说明哪一侧的运动员获胜。

五、允许使用的技术、允许攻击的部位

1. 允许使用的技术

(1)拳的技术:紧握拳头并使用正拳进行正面攻击的技术;

(2)脚的技术:使用踝关节以下脚的部位进行攻击的技术。

A. 正拳：跆拳道传统技术中，"正拳"（Pa-run-ju-mok）就是使用紧握的拳头正面，迅速、有力地直线攻击对方躯干正面的技术。

B. 脚的技术：使用踝关节以下脚的部位所进行的攻击技术是合法的技术，使用踝关节以上腿的部位，如小腿、膝关节等所进行的任何攻击是被禁止使用的行为。

2. 允许攻击的部位

（1）躯干：允许使用拳和脚的技术攻击躯干部位被护胸包裹的部分，但禁止攻击后背脊柱；

（2）头部：锁骨以上的部位，只允许使用脚的技术攻击。

A. 被护胸包裹的部位是允许被攻击的合法部位。基于此，运动员比赛时须穿戴与其体重级别相对应的护胸。

B. 头部和躯干：如附图所示，锁骨以上的所有部位为头部；髋关节以上、锁骨以下的部位为躯干。

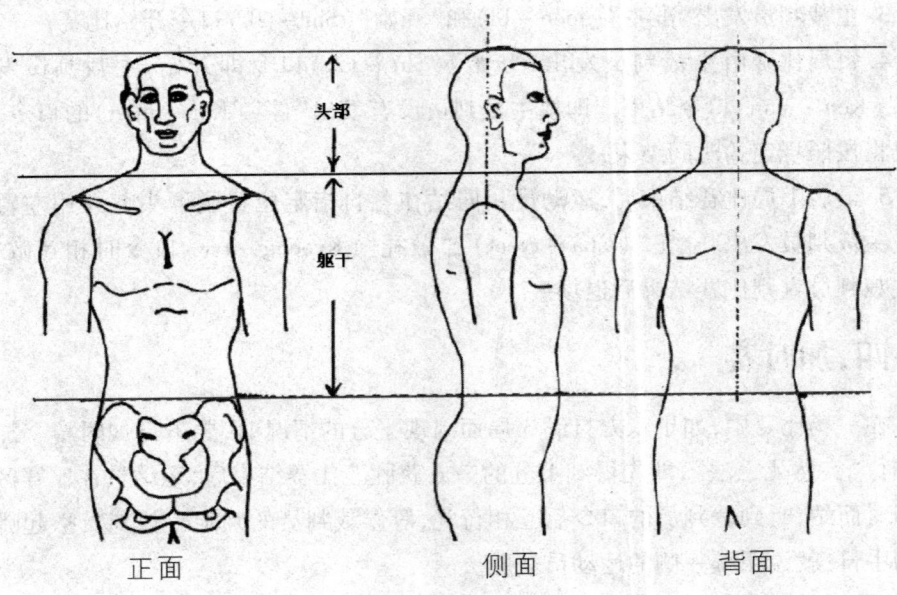

图 5-1

第二节　跆拳道比赛的得分、扣分和获胜方式

一、得分

使用允许的技术，准确、有力地击中得分部位时得分。

A."准确"：合法的攻击技术完全或最大程度地接触对方运动员允许被合法攻击的目标范围之内。

B."有力"：

1. 人工计分时：由边裁判员对击打力度进行判定；

2. 使用电子感应护具时：由电子感应护具中的电子感应器测量击打力度，根据体重级别、性别差异设定不同的力度标准。

得分部位

（一）躯干：护胸上蓝色或红色部分覆盖的躯干部位；

（二）头部：锁骨以上的头颈部位（包括颈部、双耳和后脑在内的整个头部）。

图 5-2　得分部位图

分值：

（一）击中躯干计 1 分；

（二）旋转踢技术击中躯干计 2 分；

（三）击中头部计 3 分，主裁判员读秒不追加分；

（四）一方运动员每被判 2 次"警告"或 1 次"扣分"，另一方运动员得 1 分。

计分标准分析

1. 得分标准的分析：规则中关于得分有准确性和力度两个方面的标准。准确性按精确程度分为：

图 5-3

2. 力度是指打在对手身体上的力量大小。力度有两个方面的基本要素：所使用技术动作的速度和力量。事实上，凡有力击打使对手突然产生明显或不明显位移，这种干脆有力地击中有效得分部位的攻击均可视为强有力的击打。按力度大小的程度分为：

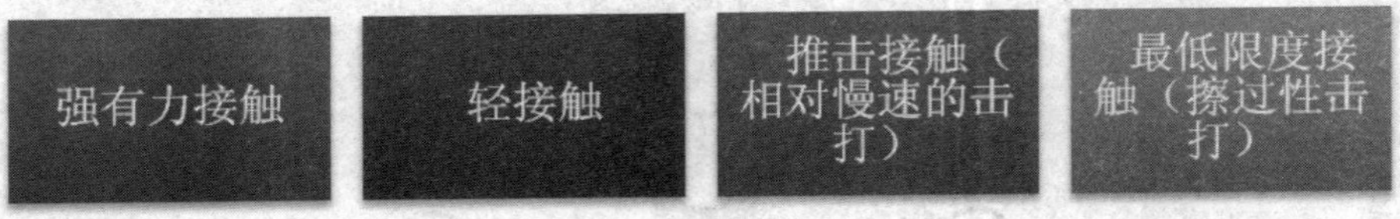

图 5-4

3. 情况分析

A. 准确性

①准确接触（90% 以上）

②大部分接触（50% 以上）

③小部分接触（50% 以下）

B. 力度

①重心产生突然位移

②接触的声音响亮程度
③接触时技术发挥的情况:对手重心的位移量度和技术动作的速度
C.部位
①头部:准确接触(得分),不准确但明显有力(得分)
②躯干:准确有力的接触得分部位(得分)
③得分部位之外的允许攻击部位
D.基本技术:达到准确性和力度要求时,以下情况可得分

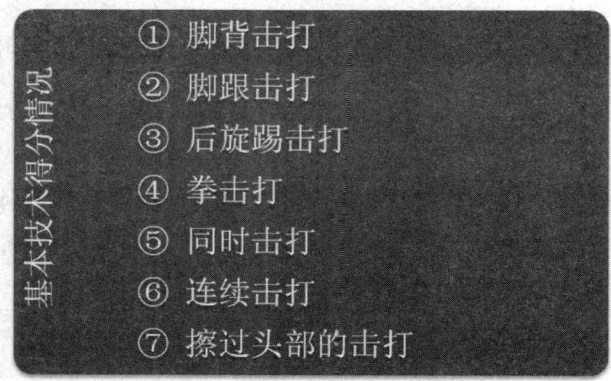

基本技术得分情况
① 脚背击打
② 脚跟击打
③ 后旋踢击打
④ 拳击打
⑤ 同时击打
⑥ 连续击打
⑦ 擦过头部的击打

图5-5

E.击打得分部位之外的允许攻击部位,以下情况可得分
①被打倒
②被暂时击昏,失去继续比赛的能力
③被击倒并落地很重
4.特殊得分情况

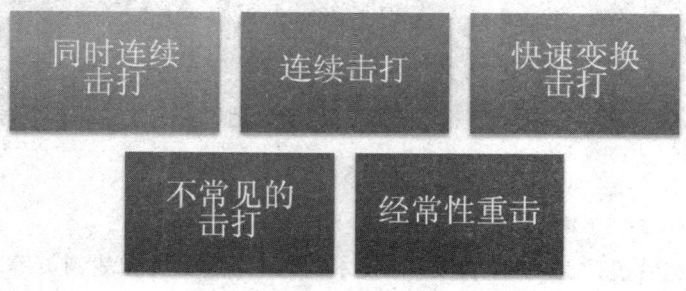

同时连续击打　　连续击打　　快速变换击打
不常见的击打　　经常性重击

图5-6

二、警告和扣分

现在的跆拳道规则对运动员倒地的判罚比较严厉。一般来说,运动员故意倒地就有可能被裁判员判罚一个警告。但如果是意外滑倒和被对手重击倒地或是技术性倒地(即在使用动作时无法控制身体平衡而倒地)则不被判罚。如果一名运动员被对方合理技术击中而身体摇晃或摔倒(一般是被击中头部),裁判员要数秒数到八。如果数到八时,该运动员站起来表示能继续比赛,则比赛继续进行;如果运动员没有站起来,则另一方赢得比赛。

在比赛中,如果一方采用搂抱、推拉对手、消极逃避比赛,用肘、膝顶击对手,摔倒对手、故意用拳攻击对手面部等犯规动作则会被判罚警告或扣分(一个扣分扣1分)。

场上的教练员打断比赛进程或使用过激言语、行为,严重违犯体育道德也会被主裁判警告或扣分。如果一名运动员累计被扣掉4分,则要被判"犯规败",也就意味着输掉了这场比赛。

三、获胜方式

裁判员等技术官员依据本规则对比赛胜负进行判定。获胜方式包括以下6种:

图 5-7

A. 技术官员包括:竞赛监督委员、技术代表、仲裁委员和裁判员等。

B. 击倒胜:当一方运动员被合法技术击倒,读秒至"8"时仍不能示意可以继续比赛,主裁判员继续读秒至"10"后,宣布比赛停止,另一方运动员获胜。

C. 主裁判员终止比赛胜:如果主裁判员或者赛事组委会医生确定运动员无法继续比赛,即使1分钟恢复期已过,或者该名运动员不服从主裁判员命令仍想继续比赛,主裁判员应宣布比赛停止,另一方运动员获胜。

D. 弃权胜:

1. 一方运动员在比赛中因受伤或其它原因弃权,另一方运动员获胜。参赛运动员不得在比赛中无故弃权;

2. 一方运动员在休息时间到后不继续比赛或不服从命令开始比赛,另一方运动员获胜;

3. 教练员向比赛场地扔毛巾示意自己的运动员弃权,另一方运动员获胜。

E. 失去资格胜:一方运动员称重不合格或比赛前失去运动员身份,另一方运动员获胜。

F. 判罚犯规胜:当一方运动员得到"警告"和"扣分"累计4分时,或者判"犯规败"时,另一方运动员获胜。

第六章
跆拳道运动生理卫生健康

跆拳道,是一项以手为辅,以脚为主的对抗性很强的项目。在训练与比赛中,经常容易出现肌肉、脚趾、踝关节、膝关节等部位的损伤,因此,如何避免损伤就显得十分重要。无论是教练员或是运动员,都有必要学习和掌握运动损伤学的知识和技能,充分认识运动损伤预防的重要性和意义。并掌握跆拳道运动损伤的发生原因、预防措施、诊断、康复和急救原则等,最大限度地减少或避免运动损伤的发生,一旦发生损伤能采取一定措施使运动员得到治疗与康复。另外,通过总结运动损伤发生的原因、治疗效果和康复时间等,也有助于改善运动条件,改进训练方法等。

第一节 常见运动损伤

近年来,根据相关组织对跆拳道运动员的调查发现,在跆拳道运动中平均每位跆拳道运动员的运动损伤就有4.5处,其中下肢损伤占66.5%(膝关节损伤25.9%;踝关节与足部损伤占34.2%;小腿占4.4%;髋部占1.3%)上肢占14.6%(肘关节占8.9%;手占3.8%;腕部占1.3%)肩部占0.6%;腰背部占13.9%。

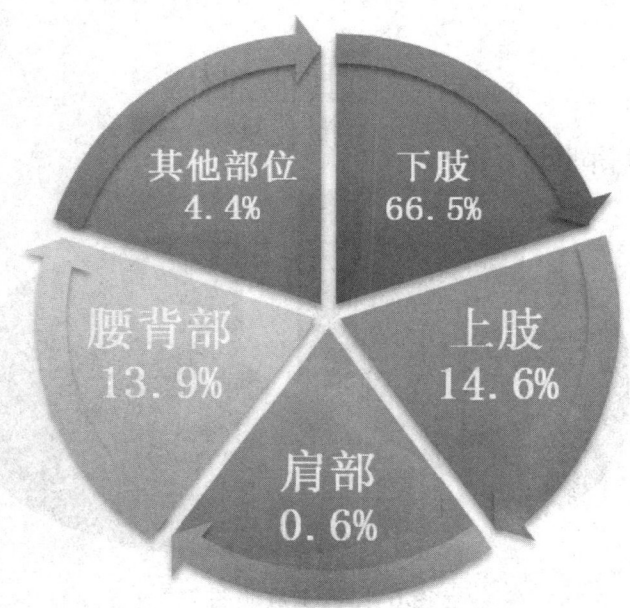

图6-1 损伤部位分析图表

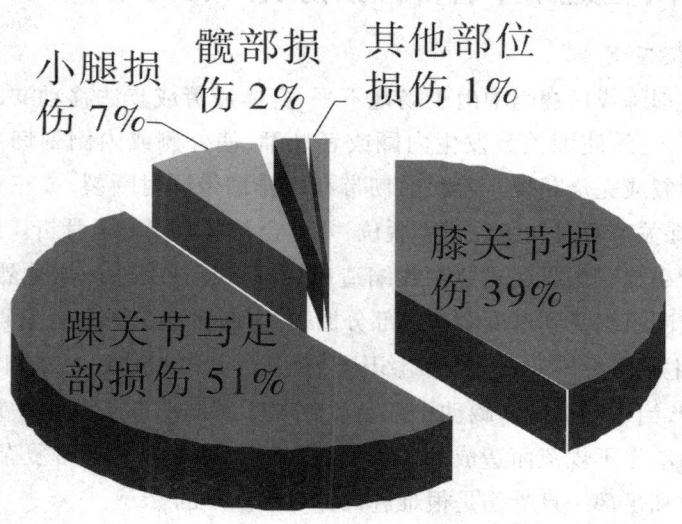

图6-2 下肢损伤

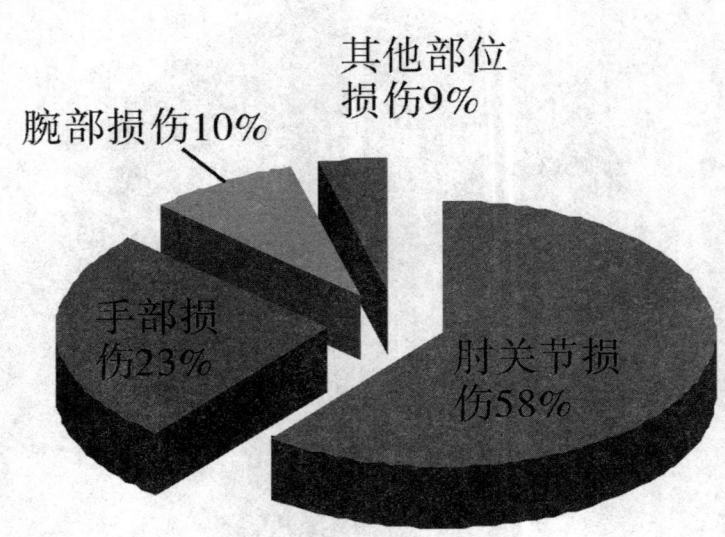

图6-3 上肢损伤

从这些数据我们可以看出,在跆拳道运动中,经常受伤的部位主要是膝关节、踝关节、足部和腰部。

一、跆拳道运动中各部位损伤成因及机理

(一)踝及足部

跆拳道训练或比赛当中由于场地不平、身体疲劳或步法移动或踢击落地时身体失去平衡等,致使踝关节发生内翻或者外翻,使外侧或内侧副韧带受到过度牵扯。部分断裂或完全断裂。若距前韧带和跟腓韧带同时断裂、或三角韧带完全断裂时,多有踝关节暂时性脱位或半脱位,并可合并外踝或内踝骨折。跆拳道训练或比赛中由于小腿三头肌反复急剧收缩造成局部劳损或突然一次猛烈的拉伤,使跟腱纤维和腱围组织受到过度牵扯或部分撕裂,引起血管受损血运障碍,以致供血不足,足腱发生跟腱纤维变性,腱围组织因劳损或外伤撕裂导致肥厚和粘连。而在跆拳道运动中,当运动员做横踢动作则经常会击打到对方的肘部而造成脚背损伤,这是由于你的动作不规范而造成的。我们可以看出踝关节是非常复杂的联合关节,因而踝关节和足部一旦受伤是很难进行针对性恢复的。

(二)膝关节

膝关节由股骨下端、胫骨上端和髌骨构成。它是人体中结构最复杂、关节最

大、杠杆作用最强而最容易受伤的关节。在跆拳道运动中,膝关节最容易受伤的部分则是膝内侧副韧带、膝关节半月板和髌骨。

膝内侧副韧带损伤主要是由于在跆拳道训练和比赛中,因膝关节突然外翻所致,小腿突然外展外旋,或足与小腿固定,大腿突然内收内旋。若扭转的力量不大,只局限于内侧韧带本身的扭伤或部分撕裂。若扭转的力量较大,则可引起内侧韧带完全断裂,或可并发内侧半月板、十字韧带的损伤。例如,跆拳道比赛中双方对腿,由于技术不正确,支撑脚碾转不到位导致的损伤,或者由于对手使用犯规技术攻击膝外侧等,都是引起此种损伤的典型机制。

膝关节半月板损伤多由扭转外力引起,比如在做跆拳道技术踢击的过程中,当一腿承重,小腿固定在办屈曲、外展位时,身体及股部猛然内旋,内侧半月板在股骨踝与胫骨之间,受到旋转压力,而致半月板撕裂。在严重创伤病例中,半月板、十字韧带和侧副韧带可同时损伤。半月板损伤耳朵部位可发生在半月板的前角、吼叫、中部或边缘部。损伤的形状也可为横裂、纵裂、水平裂或不规则形,甚至破碎成关节内游离体。

髌骨劳损则是由于运动中股四头肌绷得最紧,使髌骨和股骨的接触面不断增大,以致增大积压与磨动。有些运动员在练习上采取"单打一"的方法,使膝关节在连续疲劳下反复半蹲变换步型。例如:一节跆拳道练习课就重复练习上百次之多,甚至更多,造成膝关节经常超越活动范围;做前踢时,大腿还没有充分抬高,小腿就过分用力上踢;练习后不注意做好放松整理运动等等,这都是导致膝关节损伤的主要原医。

(三) 腰部

在跆拳道训练和比赛中,腰部的损伤初骨折脱位外,其损伤多属于软组织损伤范围,其损伤机会之多,范围之广,与腰部的生理机能和解剖特点有密切关系。

腰由 5 个腰椎和周围坚强有力的肌肉、筋膜、韧带等组成,有广泛的运动范围,可承受重大的负荷量,如跆拳道运动员的发力点有很多都是靠腰部来发力,以腰为中心。而在跆拳道的腿法中,为了更好的保持自身的平衡性,在踢腿的时候腰部要尽力的保持直立。所以腰部的肌肉及韧带就尤显重要。同时,腰部受伤的几率也就变得很大。

各腰椎借椎间盘间接地互相连接。腰椎间盘为纤维软骨环,中央部分由有弹性的胶样物质所填充,称为"髓核",可起到缓冲和稳定作用。各椎体的前后缘分别由前、后纵韧带所保护和连接。椎板上、下缘有黄韧带,棘突间有棘间韧带,棘突上有棘上韧带。腰椎体后方两侧由上下关节突呈矢状位相互衔接,形成椎小关节。腰椎的内在稳定和平衡就是依赖这些组织来维持。跆拳道运动员在比赛中,如果动作不协调、姿势不正确等,往往会发生急性腰扭伤,即"闪腰"。这是由于腰部或骶部位的肌肉、韧带、筋膜等软组织突然受到牵拉而超过其弹性限度所致的急性损伤。急性腰扭伤后可立即出现剧烈疼痛,甚至有腰部断裂感。此时。腰部不敢活动,行走困难,严重者甚至不能翻身。腰部的疼痛为持续性的,咳嗽、打喷嚏、腹部用力等都可使疼痛加剧。

二、跆拳道运动中常见运动损伤类型

(一)外部创伤

在跆拳道训练和比赛中,常见的外部创伤类型主要有出血擦伤、扭伤、骨折等等。出血则多见于鼻出血。鼻出血是因鼻部被击打后发生鼻粘膜微血管破坏而引起。而在由于动作不规范或者意外情况发生导致出现身体各部位出血的同时,经常伴有面部擦伤等外部创伤。

骨折、脱臼。在跆拳道运动中,常见的骨折分为两种,一种是皮肤不破,没有伤口,断骨不与外界相通,成为闭合性骨折;另一种是骨头的尖端穿过皮肤,有伤口与外界相通,称为开放性骨折。在骨折发生的同时,有可能会伴有关节脱臼,即关节脱位。通常发生脱臼的部位有膝关节、踝关节、肩关节、指关节等等。

(二)肌肉、韧带损伤

跆拳道训练比赛中大多数技术动作的发力都和肌肉和韧带的伸缩是分不开的,步法移动,蹬地提膝踢击,到最后的鞭打发力都离不开肌肉的紧张收缩。但是有些运动员往往忽略了准备活动的重要性,容易导致肌肉在没有苏醒的状态下超负荷收缩发力,使得肌肉纤维受损导致受伤,严重者导致撕脱及断裂。

(三)运动腹痛

在跆拳道训练和比赛中,出现运动腹痛的原因主要有三个方面。原因1是由于运动员本身的慢性腹部疾病造成肝脾瘀血;原因2是由于准备活动不够,肺透气低,运动与呼吸不协调造成呼吸肌痉挛;原因3是在运动前吃得过饱,饭后过早运动,空腹或者喝太多水而造成胃肠痉挛。

三、跆拳道运动中运动损伤发生的原因总结

通过我们之前分析的在跆拳道运动中经常发生运动损伤的部位和损伤类型，专家做了大量的实际调查，在跆拳道运动中，发生运动损伤由于技术动作不正确占26.6%；由于局部练习负荷过大占24.6%；由于缺乏保护意识占17.7%。因而，我们也得出大致的结论，这些运动损伤的主要原因是：技术动作不正确、局部练习负荷过大、缺乏保护意识等。而其他一些造成运动损伤的原因则还有：身体机能和心理状态不良；训练计划安排和比赛中组织方法上有缺点；气候条件不良等等。

跆拳道运动损伤原因分析

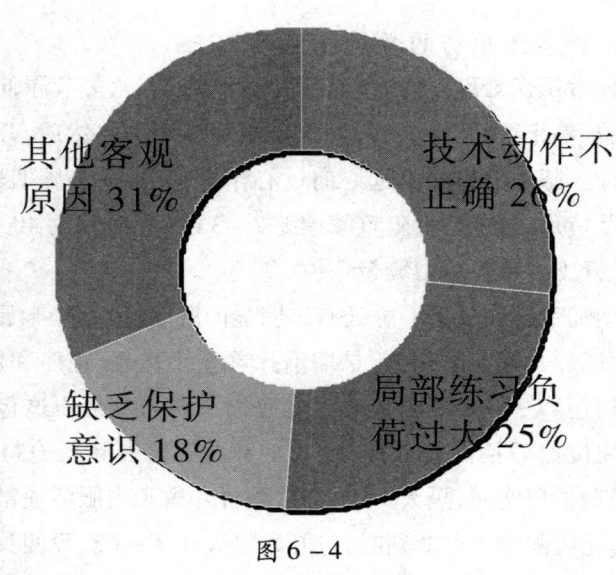

图6-4

第二节　各种常见运动损伤预防措施与手段

一、发生运动损伤后的救治措施

（一）踝关节韧带损伤的救治措施

伤后应当立即用拇指指腹压迫痛点（即韧带损伤处）止血。并趁局部疼痛尚

轻,肿胀未明显,还没有出现踝关节两侧肌痉挛时,立即进行踝关节强迫内翻试查,以了解韧带是否断裂。如外侧副韧带损伤应将踝关节包扎于轻度处翻背屈位。

用绷带将踝关节包扎于轻度处翻背屈位,制动4~7天,亦可同时配合外敷活血散瘀消肿止痛中药。4天以后可保持原固定下地走路,并配合按摩、理疗和踝背伸抬腿练习。按摩方法,采取踝关节外侧用推摩手法,足背和小腿前外侧用捏和揉捏手法。1~2周可基本痊愈。如是在比赛中受伤需要继续参赛者,可采用粘膏支持带固定后参加比赛,赛后进行治疗,方法同前。

伤后,急性期应当抬高患肢,休息。一旦肿胀、疼痛开始缓解时,要积极进行关节周围肌肉力量练习及屈伸活动。解除固定后,在弹力绷带或护踝的保护下,逐渐参加一般锻炼。重压患处无疼痛,踝关节强迫内翻试验亦无疼痛时,可完全去除支持带恢复正常训练。

(二)膝关节急性损伤的救治措施

轻微侧副韧带扭伤处理。疼痛较轻,肿胀不明显,无关节屈伸功能障碍者,置患膝于微屈曲位,停止活动2~3天,外敷活血止痛中药。然后,开始步行锻炼,用药酒作按摩治疗。膝关节患处由远心向近心作轻推摩,大小腿肌肉用揉捏法。每练习直膝抬腿及负重直抬腿、抗阻直膝抬腿2~3次,总时间约40~50分钟。若参加比赛,应用黏膏支持带及弹力绷带保护。

较重的侧副韧带扭伤处理。患处有较明显的肿胀,患膝呈半屈曲位,伸屈功能受限,患者有疼痛加剧倾向的病例,早期治疗着重于止血、止痛和保护受伤韧带不致进一步加重损伤。一般采用棉垫或橡皮海绵加弹力绷带压迫包扎,再用托板将患膝固定于微屈位然后抬高患肢休息。2~3天以后去除压迫材料,开始按摩治疗,按摩方法与轻微扭伤同,隔天1次,亦可配合外敷和内服活血散瘀、消肿止痛中药或理疗,继续托板固定。与此同时,应开始每天作2~3次股四头肌静力收缩(绷颈)。伤后10天左右可加大按摩力量,增加按摩手法,增加直膝抬腿练习并逐渐过渡到负重地膝抬腿练习,同时仍可配合外用和内服舒筋活络中药。2~3天以后解除托板固定,开始练习走路,继续按摩治疗并增加弹筋手法,开始练习膝关节屈伸运动,并逐渐过渡到屈曲位抗阻力伸膝练习。刚恢复下地走路时,伤处可粘贴活络膏或橡皮膏,患肢鞋跟用楔形垫垫高0.5~1厘米.以防止反复扭伤,垫高鞋跟直至局部无压痛和肌力恢复正常为止。按摩、理疗、中药熏洗对恢复膝关节功能都有良好效果。

第六章 跆拳道运动生理卫生健康

（三）足部损伤的救治措施

受伤后的救治措施同踝关节损伤的救治办法，注意制动和包扎固定。

在恢复期间，用受伤脚趾写字练习。坐在凳子上.使受伤的脚悬在空中，然后用受伤脚的脚趾练习写大写英文字母，或写1.2.3.4.5.6等直到26。完整地写26个英文字母，或26个阿拉伯数字，每组做3次，每天做两遍。

用脚趾拉毛巾练习，对关节灵活性进行练习。坐在椅子上，将一条毛巾平展地放到面前的地板上，受伤脚的脚跟放在地板上，用脚趾向坐的方向拉动毛巾，当完全把毛巾拉过来后，再把毛巾平放原位，每组做5次至10次，每天做两遍。为了增加做练习的难度，可在毛巾上放适当的重量.如一本厚书，以增加练习时的阻力。用脚拉橡皮管的练习。这种方法比较综合，可同时对力量和灵活性进行练习。练习呈坐姿，先将橡皮管的一端固定住，另一端系在受伤的脚上，用脚向外拉橡皮管，然后向内放松，再向前拉，再放松，反复练习.每组做10次至15次，每天做两遍。

（四）腰部扭伤和劳损

休息。伤后初期，宜仰卧于有垫子的木板床，短期可在腰部垫一薄枕以便放松腰肌；也可以与俯卧位相间交替，避免使受伤组织再受任何牵扯，以得修复。轻度扭伤休息2～3天，较重扭伤需休息一周左右。

按摩。伤后即可进行穴位按摩。因而能减轻或消除腰痛。常用按摩手法有：推拿、揉、叩打、弹筋、按压、搓、擦摩等，既可依此顺序进行，也可选择其中若干手法有机地组合应用，每次10～20分钟左右，每日或隔日一次。

体疗。加强腰、腹肌锻炼，对增强肌肉弹性和耐力，提高脊柱的稳定性、灵活性和耐久性，改善肌肉的供氧状态，过多卧床休息是不适当的。体疗的原则应该是在不引起疼痛和肌肉痉挛的前提下进行肌肉静力性收缩锻炼，需持之以恒。

（五）其他外部损伤的救治措施

鼻出血。鼻出血时把头后仰，用拇食指在鼻翼外面相对挤揉压迫（伤者用口呼吸）数分钟。额部用冷毛巾或冰袋冷敷，亦可止血。

面部擦伤。面部擦拭伤的处理办法是：用30%双氧水将擦伤部位脏东西擦洗掉，或用生理盐水或冷开水将擦伤部位的脏东西洗掉，擦干，然后搽上红药水或紫药水。

掌、指和关节扭伤。多是手指受到侧方外力冲击而致伤。多以手部隔挡时技术动作错误，以手指接触而引起。轻度扭伤关节稳定性正常者，可于微屈位轻轻拔伸牵引，外擦药酒，轻捏数次，不揉、不扳，然后用粘膏将靠近伤侧的健指连同患指固定在一起，第三天开始练习主动屈伸活动，继续外擦药酒。扭伤稍有侧方活动者，宜用一块弓形小夹板放在掌侧将患指固定于半屈位，有时也可采用上述粘膏固定法，3周以后开始练习关节伸、屈活动。

骨折和脱臼。对开放性骨折，不可用手回纳，以免引起骨髓炎，应用消毒纱布对伤口作初步包扎、止血后，再用平木板固定送医院处理。骨折后肢体不稳定，容易移动，会加重损伤和剧烈疼痛，可找木板、塑料板等将肢体骨折部位的上下两个关节固定起来。如一时找不到外固定的材料，骨折在上肢者，可屈曲肘关节固定于躯干上；骨折在下肢者，可伸直腿足，固定于对侧的肢体上。怀疑脊柱有骨折者，需早卧在门板或担架上，躯干四周用衣服、被单等垫好，不致移动，不能抬伤者头部，这样会引起伤者脊髓损伤或发生截瘫。昏迷者应俯卧，头转向一侧，以免呕吐时将呕吐物吸入肺内。怀疑颈椎骨折时，需在头颈两侧置一枕头或扶持患者头颈部，不使其在运输途中发生晃动。一旦发生脱臼，应嘱病人保持安静、不要活动，更不可揉搓脱臼部位。如脱臼部位在肩部，可把患者肘部弯成直角，再用三角巾把前臂和肘部托起，挂在颈上，再用一条宽带缠过脑部，在对侧脑作结。如脱臼部位在髋部，则应立即让病人躺在软卧上送往医院。

二、跆拳道运动的损伤预防

跆拳道是一种既防身又强身的奥运竞技项目，选手们虽有各种防护器材的保护，但强有力的攻击仍可能造成部分选手遭受运动伤害。因此，如何保护选手、延长选手的运动生涯，成了不可忽视的课题。跆拳道运动伤害释义医师认为，跆拳道选手最容易受伤的部位是踝部、足背、膝前部、胫骨、股前部、股后部、腰椎、手指等，此外还有其它20个部位也容易经常受伤，必须多加注意。医护人员认为强烈撞击、局部过度使用、姿势不正确、用力不当、二度重创、热身方式不对或不足，以及技术动作不成熟等，都是造成运动伤害的主要因素，其最常见症状包括挫伤（撞伤）、肌肉拉伤、韧带扭伤、骨膜炎、关节炎、肌腱炎等。建议跆拳道练习者要正确地在训练前及训练后进行适度的热身，训练前热身30分钟左右，训练后20分钟左右。训练强度及训练量必须适当，依年龄、体格、技术熟练程度、训练级别、疲劳恢复情况等实施。练习或比赛时保护装备必须齐全，对打时一定要穿着完整的护具上场。每一训练场都应设防护员或医师。训练期必须保持比赛量级之体重，避免青少年及瘦型身材选手减体重。注意训练节奏，避免技术水平差异过大的选手对打。

（一）如何减少跆拳道实战中受到的伤害

对打不要硬碰硬，否则你的手臂和对方的胫骨都容易受伤。就跆拳道而言，主要就是藉着步法、身法和手法的配合，来化解对方攻击的大部分力道。初学者看到对手朝自己踢来总是很紧张，会下意识地直接伸手去挡，结果两败俱伤。你多实战几次，就会慢慢看出对手的攻击是有一定轨迹的，你不需要硬挡，而是利用跆拳道灵活的步法闪开主要的攻击力道，而手也不是去硬隔，而是顺势拨开，这样双方都不会受伤。当然，对手的实力越强，你就越难看出攻击的轨迹进而化劲，所以关键还是在自己平常的训练以及实战经验要足够。

（二）对跆拳道运动伤害的防护

事前预防重于事后治疗，不管在跆拳道平时训练或比赛对打，身为选手或教练都必须了解如何预防伤害发生，并完全了解保护选手之道。

以下提供十项预防跆拳道伤害之建言：①选手要正确适度的于训练前及训练后热身，训练前30分钟左右，训练后20分钟左右。②训练强度及量必须适当，依年龄大小、体格壮瘦、技术熟练、训练期别、疲劳恢复等渐进实施。③练习或比赛时必须注意保护装备齐全，对打时一定穿着完整之护具才能上场。④每一训练场应增设防护员或医师。⑤练习动作必须符合人体运动力学原理。⑥比赛期后，必须有适当之时间调养，约三十天。⑦训练并随时与告知教练比赛太勉强，注意个人身体当时情况。⑧训练期就必须保持比赛量级之体重，避免青少年及体型属于瘦型身材之选手降体重。⑨注意训练课程安排节奏、运动相互位置需保持安全距离。⑩避免技术层面差异过大之选手对打。跆拳道运动伤害发生后，教练及选手必须知道冷敷、热敷、止血、固定、送医之运动伤害处理方式。

对于跆拳道运动伤害的六项治疗建言：①使用冷敷法之方式，将冰块或冰水袋直接和皮肤接触冷敷10~15分钟，休息5~10分钟，反复4次左右。使用于急性挫伤、关节韧带扭伤、肌肉拉伤等。冷敷法：冰水袋直接和皮肤接触冷敷。②并用热敷法（冷热交替式水疗法）之方式，将患部浸于38~40摄氏度的热水中约4~6分钟，立刻改浸于10~16摄氏度的冷水中约1~2分钟，反复5次左右。第一次及最后一次需浸于热水中，使用于旧伤或伤势不再恶化时。③若出血状况严重时，使用止血法，于伤口处直接加压、利用压力点控制血流、利用止血袋或止血器止血等。并学会固定病患受伤部位避免因移位而再度受伤。④伤害发生之处理最后阶段必须将伤者送医,并向提供医生受伤经过情形。⑤适当运用中医及西医之疗效,如果是急性挫伤及扭伤应避免中医推拿方式。⑥复健期应作适当轻度活动促进复原能力。

(三)跆拳道运动损伤的预防原则

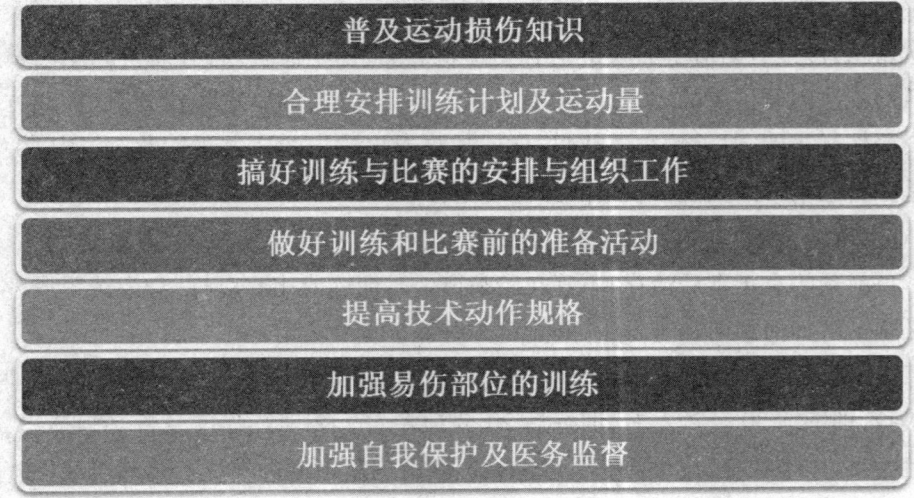

图6-5

另外,在训练中要遵守循序渐进的训练原则,运动量由小到大,全面身体素质训练和专项身体素质训练相结合,练习技术动作由简到难,当运动员疲劳时应减少运动量,不做高难度动作,只要按照科学的方法进行训练,损伤的发生是可以防止的。

参考文献

[1]刘奇.跆拳道简史初探[J].四川体育科学.成都:1998(3).

[2]李德祥.跆拳道裁判必读[M].北京:北京体育大学出版社.2002.

[3]刘宏伟.跆拳道[M].沈阳:沈阳体育学院出版社.2000.

[4]黄腊梅,刘重新.中国传统文化精神与跆拳道[J].武汉体育学院学报,2004(1):32-33.

[5]成士桂.浅谈我国跆拳道运动的发展[J].体育科技信息,2002(3):36-39.

[6]王刚强.跆拳道简介[J].成都:成都纺织高等专科学院学报,2005(2):59-60.

[7]董文金.跆拳道运动员的素质练习与康复方法[J].山西体育科技,2005,8(3).

[8]〔韩国〕洪商来.韩国优秀跆拳道运动员某些生理、生化特点的研究[J].北京体育大学学报,1997(1).

[9]蒋立.少儿跆拳道训练注意事项浅析[J].搏击.武术科学,2006,6(6).

[10]陶玉民,等.对少儿运动员发育敏感期专门化训练的探讨[J].南京体育学院学报,1995(2).

[11]唐金勇.跆拳道技术动作学习过程的研究[J].山西师大体育学院学报(研究生论文专刊),2006(6).

[12]刘卫军.跆拳道学问答[M].北京:北京体育大学出版社.2002.

[13]李德祥.跆拳道裁判必读[M]北京:北京体育大学出版社.2002.

[14]刘同为.跆拳道[M]哈尔滨:黑龙江科技技术出版社.2003.

[15]刘卫军.跆拳道[M]北京:北京体育大学出版.2000.

[16]刘宝成,鲁凡.跆拳道[M].西安:西北工业大学出版社.1998.

[17]陈国荣.跆拳道教程[J].北京:中华武术.1995,10.

[18]曾庆国.跆拳道运动对人体健身的研究[J].体育科学研究.1999,1.